井沢式

新ニッポン風土記

東日本編

井沢元彦

Motohiko Izawa

旅行読売出版社

序にかえて

昔から東北地方といえば「貧しい」というのが常識だった。

これは実は昭和20年の「敗戦」以降しばらく続いていた西日本からの偏見である。いや偏見というと正確ではないかもしれない。日本に古代から近代にいたるまで農業国で稲作（コメの生産）が基本だったわけだが、少しでも気候不順が起こると凶作に見舞われるのは決まって東北地方で餓死者も出た。つまり偏見というより歴史的事実だったのである。凶作というと原因としては一般には冷害が頭に浮かぶだろうが、実はその反対の旱魃もある。しかし日本は水が豊富な国なので相当日照りが続いても旱魃になることはなかった。イネとは熱帯原産の植物だ。暑さには強いが寒さには弱い。そのイネの栽培競争をやれば、「西」は必ず「東」に勝つ。「東」は「西」に絶対に勝てない。だから「東北は貧しかった」のである。

では、この基本構造がどこでできたか？　それは大和朝廷の「東北征服」である。8世紀末に西日本をまとめて平安京に遷都した桓武天皇は、それまで日本の領土ではなかった東北地方を版図に収めようと、征夷大将軍・坂上田村麻呂《さかのうえのたむらまろ》を東北に派遣した。田村麻呂は期待に応え異民族蝦夷（エミシ）の長アテルイが率いる軍団を破って東北を征服した。この時エミシの一部が北海道に逃げエゾ（漢字は同じ）になった、それがアイヌ民族の原型だという説もあるのだが、要するにエミシにせよエゾにせよ狩猟民族であり、私は縄文人の末裔と考えていいと思う。

昔は西日本も縄文人だらけだったのが、稲作を主とする農耕民族の弥生人がどこからかやってきて稲作を適していた西日本をまず制覇した。そして東日本も「弥生王」である天皇家に征服され、東北の民も稲作競争に組み込まれた。ただし北海道は寒冷で当時の技術では稲作ができなかったため、朝廷は（幕府も）北海道は領域にしようとせず「蝦夷地」のまま放置しておいた、それが日本史の構造なのである。

しかし現在東北はむしろ「米どころ」であり、コシヒカリのようなうまい米はほとんど東北や北陸といった「寒冷地」でできる。だから「東北は貧しい」というイメージがなくなった。これは一体どういうことか？　品種改良である。本来熱帯原産のイネを寒冷地でうまいコメが採れるよう、品種改良した天才的技術者がいたのだ。彼の名（並河成資《なみかわしげすけ》）は今忘れ去られている。これが日本の歴史教育の現状である。

２０２１年４月

井沢元彦

旧国一覧

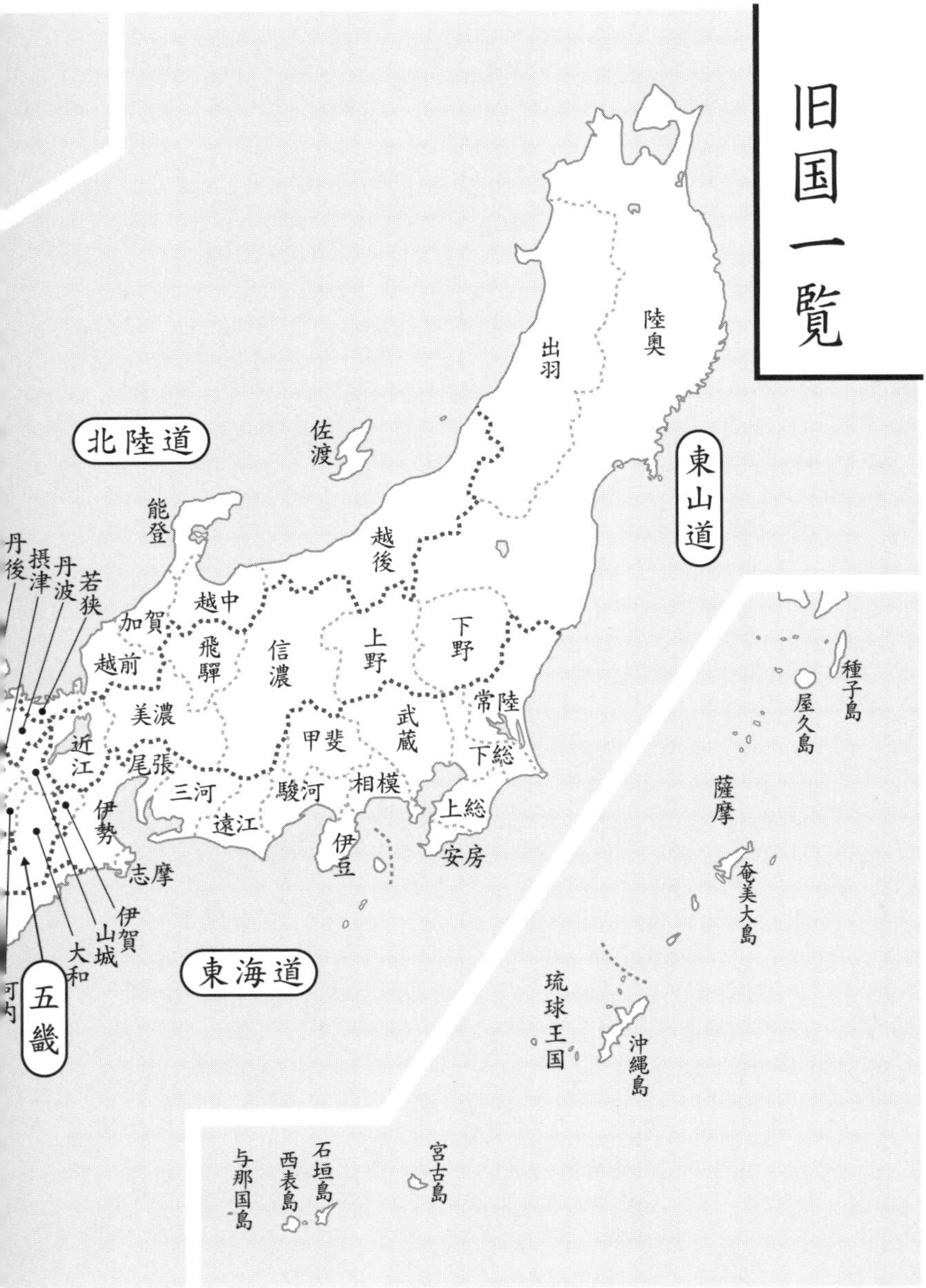

装丁・本文デザイン：フリッパーズ
地図：中村章伯

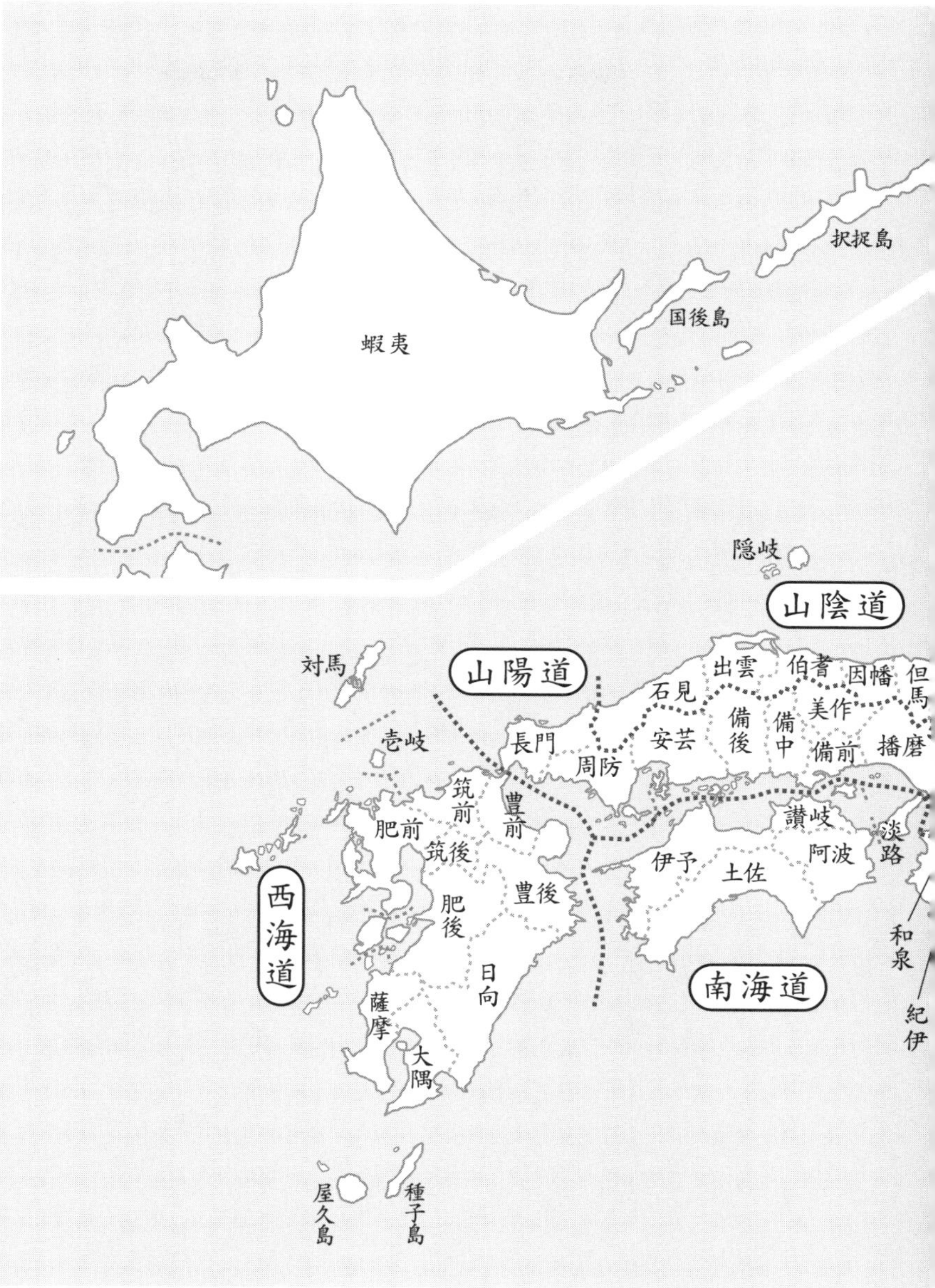

※この地図は古代の行政区であった、五畿（畿内）と七道（東海道、東山道、北陸道、山陰道、山陽道、南海道、西海道）に分けて作成しました。

井沢式　新ニッポン風土記　東日本編

目次

第三章　東山道

第四章　特別編

井沢式　新ニッポン風土記　西日本編

目次

第一章

北陸道

若狭国
越前国
加賀国
能登国
越中国
越後国
佐渡国

若狭国

「若狭国《わかさのくに》は現在の福井県南西部に当たり、「嶺南《れいなん》地方」などと呼ばれているが、もともとは福井県北東部の越前《えちぜん》国とはまったく違う環境風土の国である。

古くは「御食国《みけつくに》」と呼ばれた。朝廷に対し豊富な食料を提供したからである。特に海産物、それも魚類の供給元としては珍重されたらしい。

国としてはそれほど大きくもなく、古墳も大規模な領土をもつ首長がいた形跡もないが、だからこそ古くから大和《やまと》朝廷の領域に組み入れられていたのだろう。

そのことを示す象徴的な祭りが、春まだ浅い頃、遠敷郡《おにゅうぐん》（現、小浜《おばま》市）で行われる「お水送り」である。

東大寺と関係する「お水送り」

奈良の東大寺二月堂で行われる有名な春の行事に、「お水取り（修二会《しゅうにえ》）」というのがあるが、3月1日から14日まで行われるこの行事は、本来は本尊の十一面観音に、境内にある井戸の聖水を汲んで捧げる儀式である。一方で、お松明《たいまつ》が外回廊をまわり、その火の粉が二月堂の周囲に集まった人々に振りかけられる。

奈良では、これをいただくと無病息災で一年が過ごせるとされる全国的にも有名な行事だが、実はこの聖水を汲み上げる井戸のことを「若狭井《わかさい》」と呼ぶ。

その理由は、この井戸ははるばる若狭国と水脈がつながっており、そこから来るからと伝えられているからだ。

そこで、この「お水取り」に先立って、若狭国遠敷川中流の鵜の瀬では、「お水送り」という神事が執り行われるわけだ。今、「神事」といったが、もちろん、仏教の「儀式」でもある。これは昔は若狭国一の宮である若狭彦神社とも深い関係があったからだ。

この神社の祭神は「ワカサヒコ」こと「ヒコホホデミノミコト」と、その妻の若狭姫（「ワカサヒメ」こと「トヨタマヒメ」）で別名を遠敷明神《おにゅうみょうじん》というのだが、「二月堂は仏教で若狭彦神社は神道じゃないか、変だな」とは、読者は決して思わないだろう。

日本は中世以降明治までは、神仏習合の国だったのである。だから、お寺も神社も一つだった。

かつては、大寺の境内にはその仏が「神」と化した姿を祀《まつ》る神社があり、大きな神社には逆にその神の本体（本地）である仏を祀る寺があった。特に、神社の境内にあった「仏」を祀る寺は「神宮寺」と呼ばれ、これは明治以前は国分寺と共に全国各地にあった。

ところが、明治政府が仏教と神道を強制的に分離したため、神宮寺のほとんどは破却され、ごくわずかに残ったものも「仏教専用」となってしまった。

しかし、この若狭国に今も残る神宮寺ばかりは、かつての「神と仏を同じところに祀る」という古い形態を残している、全国でも唯一といえる例なのである。お水送りもこの神宮寺の行事だ。

ちなみに、東大寺になぜ「若狭井」があったかといえば、東大寺の荘園がこの地にあったからといわれているが、そもそも東大寺がなぜこの地と結び付きが深かったのか、というところまで考えるべきだろう。

私はここが中国大陸や朝鮮半島からの文物の渡来ルートであったのではないかと考えている。

そもそも若狭彦も、古い言い伝えによれば海の向こうからきた神人であったらしいし、後世、京都との間に「鯖街道」が整備され、陸揚げされたばかりの鯖をさっと塩でつけ、腐らないうちに運び込むという、高速ルートができたのも、昔からこの地と京都の間の交通が頻繁だったという、一つの傍証になるだろう。

そして、もう一つそれを示すのが、若狭国の首府であった小浜《おばま》の、仏教文化財の豊富さであろう。小浜は、今日「海のある奈良」とすら呼ばれている。

小浜周辺には名刹古刹が多い

確かに、数こそ奈良には及ばないものの、国宝建築や仏教彫刻の質の高さは、失礼な表現かもしれないが「一地方」としては群を抜いている。

私は、古寺探訪を趣味としており、その入門書（『古寺歩きのツボ』〈角川書店刊〉）を書いたこともあるが、京都・奈良以外にどこへ行くべきかと聞かれれば、まずこの小浜を挙げる、それぐらいすごいところなのである。

代表的な古寺をいくつか紹介しよう。

まず、最初に挙げなければいけないのは、国宝の本堂と三重塔をもつ明通寺《みょうつうじ》だ。若狭出身で、この地をこよなく愛した作家、水上勉《みなかみつとむ》のお気に入りの寺でもある。

小ぶりな寺が多い小浜の古寺の中では、比較的大きな寺だが、それでも京あたりの大寺に比べれば山をうまく利用した佇《たたず》まいの落ち着いた寺である。

この明通寺は８０６年に坂上田村麻呂の創建と伝えられるが、寺伝ではそれより古いのが国分寺（７４１年）である。

国分寺は当初の建物はほとんど残っていないが、それでも本尊の薬師如来像は国の重要文化財である。

また、これより古いとされるのが前記の神宮寺で創建は７１４年。本堂と仁王門が重要文化財である。

だが、個人的好みでいえば、こうした諸仏の中で最も美しいのは、創建716年と伝えられる羽賀寺《はがじ》の十一面観音であろう。長らく秘仏として伝えられたためか、彩色がほぼ完全に残っていて、重要文化財に指定されているが国宝でもおかしくないほどの気品をたたえている。

この他にも小浜には、庭園が国の名勝に指定されている萬徳寺や、妙楽寺、多田寺といった名刹古刹《めいさつこさつ》があるが、もう一つ触れておかねばならないのが、空印寺《くういんじ》だろう。

空印寺は、江戸時代になってこの地に封ぜられた大名酒井家の菩提寺だから歴史は新しいが、その境内にとんでもなく「古い」ものがある。八百比丘尼《やおびくに》（はっぴゃくびくに）入定洞《にゅうじょう》である。

八百比丘尼とは日本の有名な伝説の一つで、日本全国にその「遺跡」があるが、浦島太郎が丹後国のイメージが強いように（もちろん他の国にも浦島伝説はある）、八百比丘尼には若狭国のイメージが強い。

それは概略、こんな話である。

若狭国のある村で「人魚」が採れた（人魚というと日本人はすぐに人魚姫〈女〉を想像するが、これは「オス」の人魚らしい）。昔から日本には、人魚の肉を食べると不老長寿の身体になるという伝説があった。

とはいっても皆は気味悪がって食べない。そんな中、一人の男だけがその肉を家に持ち帰り、決心のつかないままに戸棚にしまっておいた。ところが、娘がその肉を食べてしまった。

娘は美しく成長したが、そのまま いくつになっても老いることがない。そのうちに父も母も恋人も友人も、どんどん年老いて死んでゆく。それなのに娘はいつまでたっても若く美しいままである。

しかし、結局娘は孤独だった。どんなに親しい人間でも、知り合った時若い人でも、必ず彼女より先に死ぬのである。そこで、彼女は世をはかなんで尼となり各地を放浪したが、ついに洞穴の中で、自ら食を絶って入定した。つまり死を選んだのである。

その「八百比丘尼の入定洞」が、今も空印寺境内に残されているのである。

オバマ大統領で知名度が上がった小浜市

近年NHKの朝の連続ドラマで、この若狭小浜が舞台となったことがあるが、そのときクローズアップされたのが、若狭塗である。

漆器というと、お椀《わん》や文箱のようなものが一般的だが、若狭塗は箸が一番有名だ。

この起源は、江戸時代の初期に小浜藩領内にいた職人が、海底の様子を図案化して始めたものだと伝えられている。確かに、卵のカラや金箔・銀箔を使った巧みな模様は、独特な華麗さを誇り、「単色もの」が多い漆器の世界の中で、異彩を放っている。

また、小浜は海産物の豊富な町で、先程述べたように鯖街道で京の都とつながっていたのだが、そうしたルートがあったためか、京都文化の影響も強い。

京都の伝統的な子供の行事である地蔵盆も、この地に伝わっている。

地蔵菩薩の縁日は8月23日と昔から決まっており、この日が盂蘭盆《うらぼん》にも当たることから、「地蔵盆」と呼ばれるようになった。「地蔵さん」はこれも昔から子供の「守り神」ということになっている。

中国の儒教の影響もあり、仏教の世界では親に先立つ形で死んだ子供は、「孝養」が果たせなかったということで地獄に落ちることになっていた。そして、その「罪」をつぐなうために「賽《さい》の河原」で石積みをしなくてはならないのだが、この時子供を自分の衣の裾に隠して助けてくれるのが、地蔵菩薩なのである。

こうしたことから、地蔵盆では子供たちを地蔵を祀った祠《ほこら》を中心に集め、大人が料理や菓子をふるまったりするので、子供の頃このあたりで過ごした人々には、懐かしい行事といえよう。

ところで、平成20年（２００８）の米大統領選に際し、民主党のオバマ候補と、「小浜」の発音が一致していることから、小浜市民の間に「オバマ氏を勝手に応援する会」が結成され、その成果（？）なのかオバマ氏は見事、ライバルの共和党の候補マケイン氏に勝って、大統領となった。

小浜市の知名度はこのことによって飛躍的に向上したらしい。

まあ、しかし、若狭国も中心都市の小浜市も静かな佇まいが魅力なのだから、町おこしも大切だが、あまり浮わついたところになってほしくはないというのが、私の個人的希望である。

越前国

越前国《えちぜんのくに》すなわち現在の福井県東部は、なぜ「越前」なのか？

昔、北陸3県（福井、石川、富山）から新潟県にあたる広大な一帯を「越国《こしのくに》」と呼んだ。日本の神話に出てくるほどの古く由緒ある地名だ。

なぜ「越」なのかといえば、京《みやこ》の方角から見れば日本アルプスを「越」した、向こう側の地だったからだ。そして、あまりにも広大であるので、都に近い方を「前」とし、遠い方は「後」とした。こうして越前、越中《えっちゅう》、越後の三国が生まれ、少し北寄りのところは加賀となった。

しかし、大和朝廷（天皇家）からみたら、そうでも、このあたりの人間はそうは考えていなかったろう。なぜなら、当時の先進国は中国であり、越の国一帯は日本海を挟んで、その中国大陸や朝鮮半島と向き合っていたからだ。

昔、「表日本（太平洋側）」「裏日本（日本海側）」という、やや「差別的」な言い方があったが、

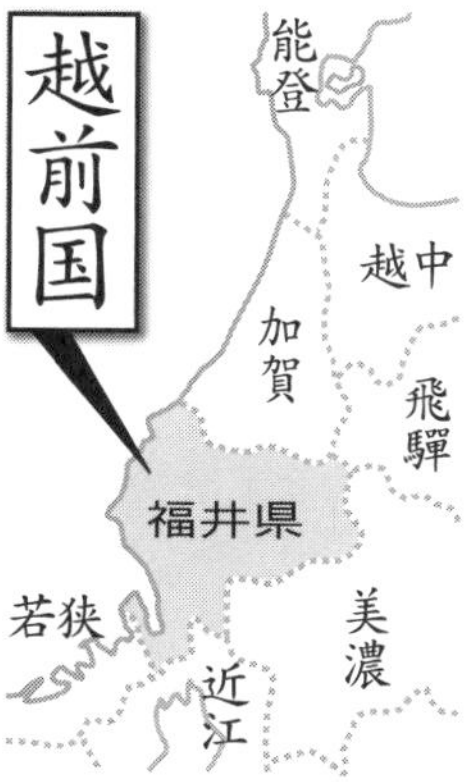

日本の中心から見ればそうでも、ここの住人たちには「こちら側こそ先進地帯だ」という強いプライドがあったに違いない。

実は史上ただ一人、この越前国出身の天皇がいる。6世紀前半、第二十六代の継体《けいたい》天皇である。継体天皇はもとは男大迹王《おおどのおう》といい、越前の一豪族（応神天皇五世の孫といわれる）であった。

ところが、中央の大和地方に反乱が起こり、世の中が乱れたため、すでに中年の域に達していた王は大和に進撃し、前天皇の娘を娶《めと》り天皇となった。つまり、入婿《いりむこ》だが通常はこのような形で天皇になることはできない。天皇家はいかなる形にせよ「養子」は認めないからだ。

しかし、ここで「五世の孫」という経歴が生きてくる。あくまで「万世一系」は守られた、ということだ。

だが、ここに大きな問題がある。たとえば、「神武《じんむ》」とか「継体」とか「明治」とか、われわれが天皇の名として認識しているものは、その天皇の没後、後世の人間が他の天皇と区別するために贈ったもので、これを諡《おくりな》という。継体天皇の本名はあくまで「ヲホド」であり、継体とはその業績や住んでいた場所（例・鳥羽天皇）にちなんで贈られたものだ。

ところが、問題はこの「継体」という言葉の意味だ。「継体」とは「君主の位を受け継ぐこと、あるいは、受け継ぐ者」という意味だ。だから、歴代の皇太子のことを「継体の君」ともいう。つまり、継体天皇とは「正当な後継者である天皇」という意味である。

なぜ、こんなことをいう必要があるのか？　すべての天皇はそれぞれ「正当な後継者」であったはずだ。それなのに、わざわざそれを強調するのは、何か問題があったのでは、と思われるのである。

これは決してゲスのカングリではない。学説でもここで王朝が「交代」したのだ、と主張する人もいるし、新羅《しらぎ》の史書は日本に大政変があったことを伝えているのである。

ただ、越前は古墳の規模や発掘物からみて、出雲や備前のように大和に対抗するほどの強大な勢力があったとは考えにくい。むしろ、大和に所属する国々の一つであり、大陸や半島への通り道であることから、支配下の国の中でも主要な拠点であったのではないだろうか。

日本海側地方では、今でも共通する格言がある。それは「弁当忘れてもカサ忘れるな」というもので、このあたりは朝は快晴でも、午後以降急に雨になるということが珍しくない。

古代においては、大陸との交通によって先進地帯だった日本海側も、国の中心が大和地方になり、大陸との交流も重視されなくなった時点で、その重要度が薄れた。そして、さらにやや寒冷な気候が稲作にはマイナスとなり、「越」つまり「向こう側」の国ということになってしまったのだろう。

朝倉氏による〝画期的な〟宣言

その越前国が、再び歴史上大きくクローズアップされるのは、戦国時代である。この地に、戦国大名朝倉氏が出現したからだ。

もともと大名とは、室町幕府からその国の支配を任された者をいい、守護という役職に就くのが条件の一つだったから、これを守護大名といった。もちろん、細川、赤松、土岐《とき》といった地方の名門である。

ところが、そのうち、身分の低いたたき上げの中から、守護の座を奪い取ったり、守護を追い出して国を支配する者が出てきた。これが戦国大名で、朝倉氏の初代孝景《たかかげ》は、その第１号ともいうべき人物である。

ひと昔前は、孝景のことを「敏景《としかげ》」と呼んでいた。そういえば、多くの人は「朝倉敏景十七箇条」を思い出すだろう。現在の学校教育では「朝倉英林壁書《えいりんかべがき》（英林は法号）」と教えている。この「戦国版十七条憲法」の第一条は「朝倉家に於ては宿老《しゅくろう》定めるべからず」である。

これは日本史上画期的な宣言である。日本は「宿老」の国である。関白とか将軍とか家老とか、呼び方は違っても、その基本は「親の地位を子が引き継ぐ」というものであり、一言でいえば「世襲主義」だ。しかし、孝景（敏景）はこれを否定し、少なくとも家臣はすべて実力主義（「その身の器用忠節」）によって選べ、といったのである。

乱世では、実力のある者が勝つ。だが、これを堂々と「家のルール」として宣言した者は、それまで誰一人いなかった。いわゆる戦国家法は、以後詳細なものがいくつも作られるが、「実力主義」という点において、すべてこの「十七箇条」の亜流であるともいえる。

そして、皮肉なことに、この「ルール」を完全に実践したのは、越前人ではなく尾張人の織田信長であった。そして、その信長が朝倉家を滅ぼし、完全な実力主義の下で登用した豊臣秀吉が天下を取り、戦国時代を終わらせた。これも孝景の敷いたレールの上を行ったに過ぎない。

朝倉氏といえば、その全盛期を物語る一乗谷の遺跡も有名だ。これは山に囲まれた谷の地形を利用した、日本唯一といってもいい要塞都市だ。

戦国時代末期には、鉄砲の大量採用と巨大城郭の建設があたり前になったため、このような経済運営には不向きな町は時代遅れになってしまったが、雄大な構想であることには間違いない。

真宗が越前の人に与えた影響

もう一つ、戦国時代の越前を語るのに、はずせないものがある。それは信長の宿敵でもあった一向一揆である。

一向一揆とは、いうまでもなく浄土真宗の親鸞《しんらん》の教えを伝える本願寺の宗徒による宗教一揆のことだ。しかし、一般的には越前よりも隣国加賀の一向一揆の方が有名かもしれない。というのは、加賀では一揆が守護大名の富樫《とがし》氏を滅ぼし、「百姓の持ちたる国」にしてしまったからだ。

しかし、元はといえば一向一揆の本拠はこの越前なのである。浄土真宗は京の都で生まれた。本願寺もこの時代は京にあった（後に大阪へ移転）。それなのに、なぜ一向一揆の本拠は越前になったのか？

本願寺の中興の祖は蓮如《れんにょ》である。現代人は浄土真宗というと本願寺を思い浮かべるが、実は他にも高田派あり仏光寺派ありで、必ずしも本願寺がトップというわけではなかった。しかし、本願寺八世の蓮如が法主《ほっす》の座に就くことによって、この事情は劇的に変わった。

蓮如は天才的な布教者であると同時に、極めて優秀な組織家でもあった。もともと平易な親鸞の教えを、さらに一般信徒にもわかりやすいように述べた「御文《おふみ》（御文章）」は、字の読めない者でも人に読んでもらうことで理解が容易に進み、爆発的な「ヒット」となった。

そして、蓮如はこうした信徒にたびたび集会を行うように勧め、集まった人々は楽しく飲食しながら、日頃の不満や悩みを誰はばかることなく口にし、ますます信仰と団結を高めていった。これが一向一揆の母体となった「講《こう》」である。

蓮如は本願寺の勢力を拡大するため、それまで未踏の地であった北陸に目をつけた。そして、布教の一大拠点として越前国の一角に巨大な別院を建設した。これが吉崎御坊である。この巨大施設の「誘致」を行い、建設を許可したのが、朝倉氏なのである。吉崎は加賀との国境にあり、だからこそ、加賀にも強い影響を及ぼすことができたのだ。

さて、最近の越前国すなわち福井県人の気質はどうかといえば、この浄土真宗の影響が極めて大きい。人口の４割がこの宗派の信者であるという自覚をもっており、東京あたりではほとんどなくなった、「仏間」をもつ家も多い。生活への満足度が高く、貯蓄率も高い。このあたりはまさに真宗王国だからだろう。

ただ、昔の『人国記』や『新人国記』には、「越前人というのは大変頭はいいが、どこか冷淡なところがあり、特に他国人に対してはそうである」という記述もある。だから、この国の人々には協調性が乏しいという批判もある。

だが、一向一揆という「団結」の象徴のようなものが、この国の人々を支配していた時代もあったのだから、協調性のなさというのは頭が良過ぎて、何事も警戒してしまうことに原因があるのかもしれない。

ちなみに時代劇でおなじみの名奉行大岡越前守忠相《ただすけ》は、越前国とは何の関係もない。江戸時代の大名・旗本は少数の例外（伊達陸奥守《むつのかみ》、島津薩摩守《さつまのかみ》）を除いて、自分とは何の関係もない国の名を使うことが、慣例になっていたからである。

加賀国

今の石川県南部である。

本来、このあたりはすべて「越《こし》」の国であった。越とは、かつて京の都のある地が、大和国から見れば山の向こう側（山背《やましろ》）だったのと同じく、山を越えた向こう側にある地域ということで（ひょっとしたら昔は、朝鮮半島から見て海を越えたところという意味だったかもしれないが）、具体的には現在、北陸地方と呼ばれている部分に合致する。

この「越」が都から近い順に越前、越中（富山県）、越後（新潟県）に三分割され、そのうち越前国から能登国（石川県北部）が分離され、さらに加賀国が分離されたのである。ちなみに、越前国の残りの部分は福井県の東部（西部は若狭国）に相当する。律令体制下における加賀国では、国府は金沢ではなく小松に置かれた（当初は金沢に置かれたという説もある）。

この地方を代表する山に白山《はくさん》がある。白山は富士山、立山《たてやま》と共に日本三名山の一つとされ、古

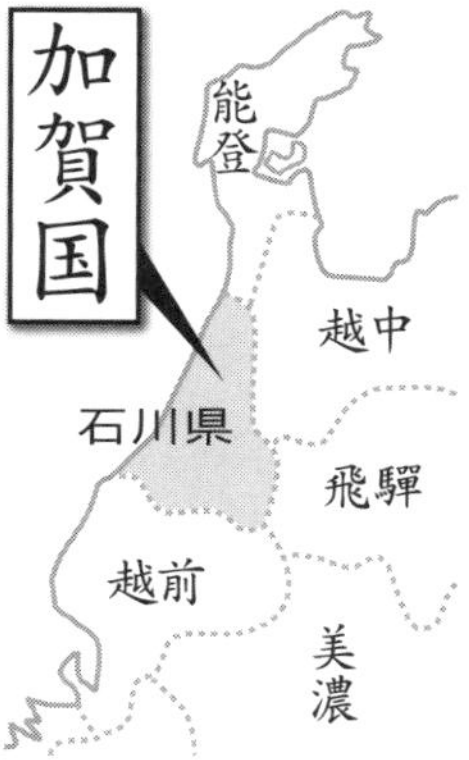

くから山岳信仰の対象であった。山頂付近には加賀国一の宮の白山比咩《しらやまひめ》神社の奥宮がある。

この山は加賀、越前、美濃の三国から登ることができ、山岳修行には絶好の環境であるため、修験《しゅげん》道の道場としても栄えた。

また、多数の高山植物の宝庫でもあり、石川県の県鳥に指定されているイヌワシの貴重な生息地でもある。ちなみに日本名は「イヌ」だが、外国では「ゴールデンイーグル」と呼ぶ。頭の後ろに黄金色の毛が生えているからだ。

勧進帳の名場面「安宅の関」

さて、加賀国は平安時代末期に平家の直轄地（知行国《ちぎょうこく》）となったが、地元の豪族である富樫氏は平家の支配に反抗し、木曾義仲が打倒平家の兵を起こすと呼応した。そして義仲没落後も鎌倉幕府に仕え勢力を伸ばした。

歌舞伎『勧進帳』でも有名な「安宅《あたか》の関」のエピソードをご存じだろう。兄頼朝に逆らって没落した源義経一行が、北陸道を抜けて平泉の藤原秀衡《ひでひら》の下へ向かう途中、安宅の関所で関守に見咎《みとが》められる。そこで弁慶は苦肉の策で、主人の義経を杖で散々に打ちすえる。「源義経ではない」と示すためである。

関守も義経一行だとわかっていたが、主人義経を思う弁慶の心情にうたれて一行を見逃すという筋である。その関守の名を覚えておられるだろうか？

富樫左衛門というのだ。

もちろん、これはフィクション（能の「安宅」が原作）だが、現在の小松市に実在した安宅関には、この『勧進帳』の名場面が像によって再現されている。

「左衛門」は架空の人物というべきだが、富樫一族がこのあたりを仕切っていたのは本当だ。後に、富樫氏はこのあたりの正式な守護となる。

隣国の越前の守護大名斯波《しば》氏の守護代（副守護）をつとめていた朝倉氏は、守護を追放して大名となった。これを戦国大名という。守護大名の中にも、武田信玄で有名な甲斐《かい》の武田氏のように、そのまま戦国大名へと成長したものもあるが、多くは斯波氏のように滅ぼされてしまった。

富樫氏もその例外ではなかった。しかし、富樫氏を滅ぼしたのは朝倉氏のような守護代でもなければ、もっと下のクラスの毛利元就《もとなり》のような国人（地元の豪族）でもなかった。

本願寺の一向一揆だったのである。

これは日本全国加賀国だけで起こったことだ。約100年もの間、加賀国は日本で唯一「百姓の持ちたる国」であったのだ。

本願寺はいうまでもなく、鎌倉時代の親鸞《しんらん》が「南無阿弥陀仏」と唱えてひたすら阿弥陀如来を信仰すれば、極楽往生できると唱えて始めた宗派「一向宗（あるいは真宗）」の本拠地である。

一般には、親鸞の平易な教えは庶民を中心に爆発的に広まったと思われているが、これは大きな間違いで、本願寺は決して大きな勢力ではなかった。親鸞は「弟子一人持たず候」（『歎異抄《たんにしょう》』）といって、教団という組織を否定していたからだ。

ところが、その親鸞の子孫（一向宗は僧侶の妻帯も認めるから子孫が残る）である八世蓮如は、布教の天才そして組織づくりの天才であって、この蓮如以降、本願寺教団は爆発的な発展を遂げたのである。

一向一揆で滅んだ守護の富樫氏

蓮如は日本宗教史上、いや社会学史上といった方がいいかもしれないが、画期的な功績がある。それは越前国のところで述べたように、「講」という一種のサークル活動を創始したことだ。あるいは「市民団体」のハシリといってもいいかもしれない。

それまでの日本では、農民や商人が自主的に集まる「ヨコ」の組織はなかった。人間というものはすべて「タテ」の社会、つまり身分秩序の中に位置づけられているものであった。それを蓮如が初めて「仏の前では皆平等、お互いに集まって話をしようではないか」という運動を始めた。これが「講」である。

講に行けば「友人」も得られるし、何よりも「自由」に政治なども批判できる。これが単なる「話し合い」から「実力行使」に発展したのが一向一揆である。

長享2年（1488）、守護富樫政親《まさちか》は加賀一向一揆に攻められ敗北し、自害して果てた。こうして生まれた「百姓の持ちたる国」「本願寺王国」は、織田信長に滅ぼされるまで、前記のように約100年も命脈を保ったのである。

それにしても驚くべきは、加賀人の行動力である。一向宗が広まったのは全国であって、加賀国だけではない。しかし、加賀一向一揆だけが大名を倒して「本願寺の国」をつくった。

武士の本場であり、一向宗徒も結構いた関東ですら起こらなかった現象である。それは「行動力」というよりも「宗教的純粋性」の問題かもしれない。

実は、蓮如自身は「王法を重んずべし」といっていた。これは「国の法には従え、宗教はあくまで精神面の救済を求めるものである」という意味だ。

しかし、加賀人たちはその点については、蓮如の教えを守らなかった。それよりも実際に「仏の王国」を築き上げよう、そのためには流血も辞さない、という加賀人の宗教的純粋性のエネルギーの方がまさったのである。

それは、本家本元の石山本願寺ですら最終的には「和議」の対象とした織田信長も、この加賀一向一揆ばかりは徹底的に攻略しなければならなかったことをみても明白だろう。その拠点である金沢御坊の跡地には金沢城が築城され、織田信長から豊臣秀吉に仕えた前田利家《としいえ》が入城した。

加賀藩存続のための前田公の策

利家は、豊臣政権下における五大老の一人だった。五大老の筆頭、徳川家康（約二百五十万石）を除けば最大の大名（約百万石）であり、秀吉から自分が死んだ後の豊臣家の将来を託されていた。

しかし、秀吉の後を追うように利家も亡くなり、残された前田家の人々は豊臣家を見捨て、徳川家の家来として生き残る道を選んだ。しかし徳川家からみれば、前田家は最大の「潜在敵国」でもある。

司馬遼太郎が「加賀百万石の長いねむり」という紀行文（『歴史を紀行する』文藝春秋刊）の中で、この時期の加賀藩のことを書いていて、大変面白い。

加賀藩は徳川幕府に取り潰されまいと、「生きるがために外交のかぎりをつくした」という。そしてその「生存外交の栄光」の「白眉」は「三代（加賀藩主の）前田利常《としつね》」であるというのだ。利常はわざわざ鼻毛をのばし放題にのばして「自分を阿呆仕立《あほうじたて》」にした（これは伝説だという意見もある）。そして「幕府を安心させるために『軍備をおろそかにしている』という印象をあたえなければならなかった」、だからこそ藩を挙げて謡曲（能）を習ったり、建築や家具に凝ったり、美術工芸を奨励したという。

友禅染など京都にまさるとも劣らない文化は、この加賀藩前田家の政策で生まれたのだ。そういわれてみれば、日本三名園の一つ兼六園も、加賀藩二代藩主の利長のときから時間をかけて造り、しかも老中松平定信にわざわざ「名付け親」になってもらったものだ。

この一連の態度のことを「加賀の狸寝入り」というのだそうだ。「この利常がつくりあげた加賀藩の狸寝入り的な体質が代々忠実に継承され、あまりに忠実であったために狸であることをわすれ、そのうちほんい、しきに眠りこけてしまった、というのが、加賀藩史から受けるぬきがたい印象である」と司馬遼太郎は述べている。

しかし一方で、一向一揆や、後にこの地から西田幾多郎、鈴木大拙《だいせつ》あるいは戸田城聖（創価学会第2代会長）ら宗教人を輩出したことを踏まえて、「そのくせ無為で寝ているのではないらしく（中略）加賀の寝姿がよほど薄気味わるいものであることがいえるであろう」と結論している。この「薄気味悪さ」には、その表現の適否はともかく、私も賛成である。

実は、最近になって明らかになったことだが、加賀藩はその領内である越中五箇山において、火薬の原料である硝石（硝酸カリウム）をずっと生産しつづけていたのだ。黒色火薬は、硫黄、木炭、硝石の混合物質だから、硝石がないと作れない。織田信長の頃はこれを国内で生産する技術がなく、すべて外国からの輸入に頼っていた。

徳川幕府が鎖国（実際は幕府による貿易独占）をしたのも、一つは大名に火薬を作らせないためであった。ところが原始的な方法ながら、徳川初期には硝石を人工的に生産できるようになった。

加賀藩では「花火のため（平和目的）」と称して、一方では、文化にうつつを抜かしたように見せながら「有事」に備えていたというわけだ。この姿勢は、京都文化にも一脈通じるところがあるように思われる。

能登国

能登国《のとのくに》は石川県北部、ほぼ能登半島全域にあたる。ちなみに南部は加賀国で、能登国は加賀国と越中国（富山県）と境を接している。

日本海に面しているすべての国々にいえることだが、古代においては太平洋側よりこちら側の方が先進地帯であった。特に能登は半島が海に突き出している分だけ（日本地図は略図でも必ず能登半島は描かれる）、大陸に近いことから、かつては先進文化の通り道であった。

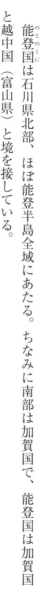

その名残が能登国一の宮でもある気多《けた》神社に見られる。創建年代は明らかでないほど古く、万葉の歌人大伴家持《やかもち》が役人としての公務で能登にやってきたとき、参拝したことでも有名だ。祭神は大己貴命（オオナムチノミコト）であり、これは大国主命（オオクニヌシノミコト）と同体とされる神だ。出雲国（島根県）の出雲大社をはじめ、日本海側にはこの神を祀った神社が多い。

気多大社のある羽咋《はくい》市といえば、日本民俗学の巨人折口信夫《おりくちしのぶ》が晩年隠棲した場所でもあり、旧訪れていい場所だろう。

しかし、古代においては大陸からの回廊であった能登も、時代が下るにつれてその役割が薄れた。日本は大陸との交通を博多（大宰府）からに限定し、なおかつその頻度も減ったからで、ここにおいて能登国は都からはむしろ秘境とみられるようになってしまった。

古典の『人国記』には、能登国について実はヒドイことが書いてある。まず「人の心は狭く、引っ込み思案でなかなか外へ出ようとしない」、そして「それでも他国へ出るほどの者はおしなべて優秀である」と一応フォロー（？）はしてあるものの、最後に国に残る者は「自然と悪意を企《くわだ》つる如くの風俗あるべし」（岩波文庫版）である。

これでは「小人閑居《しょうじんかんきょ》して不善をなす」という諺《ことわざ》そのままである。『人国記』は明らかに一人の人間（著者不明）によって書かれていて、それも想像ではなくきちんと取材して書かれているようなのだが、この男性（と思う）は能登に関しては点が辛い。ひょっとしたら出身の女性にフラれたのかもしれない。

まあそれは冗談として、現地に行ったにせよ出身者に話を聞いたにせよ、他国者を警戒するあまりガードが固かったのに、筆者は不信感をもったのではないだろうか。

いずれにせよ、能登国を象徴するキイワードは「閉鎖性」、あるいはもう少し良い言い方をするなら「秘境」ということだろう。

平家の落人《おちうど》村といえば、全国至るところにあるが、本当の本家本元はこの能登にある。

時国家《ときくに》というのがそれだ。平家が壇の浦で滅んだとき、海中に身を投じた大納言《だいなごん》平時忠は、源義経の手によって助けられた。後にこの縁で、義経は時忠の娘を妻として迎えることになるのだが、時忠は命は許されたものの能登へ流罪となった。

そして時忠の長男時国が現在の輪島市に土着し、このあたりの名主となり、時国を姓とし子孫は上《かみ》時国、下《しも》時国の二系統に分かれ、江戸時代は豪農として栄えた。ちなみに上時国家と下時国家の住宅は重要文化財に、庭園はそれぞれ国の指定名勝となっている。

輪島塗が素晴らしい理由

輪島といえば輪島塗が有名だが、この起源も古い。伝説では室町時代に紀州根来寺《ねごろでら》の僧が技法を伝えたというが、実際にはもっと古い製品が発見されている。大伴家持の頃より特産品としての漆がリストに載っているので、古くからおそらく大陸経由で技法が伝えられていたのだろう。

肥前国の項で述べたように、漆器は日本で大きく発展したので英語で漆器のことを「japan（ジャパン）」という。なぜ日本でそんなに発展したかといえば、材料（芯材）とする木材資源が豊富だからだろう。

輪島塗の芯材は「アテ」というが、原料はこの地特産の「アスナロ」の変種「ヒノキアスナロ」という木である。そのアテ(ヒノキアスナロ)の原本といわれるものが、旧鳳至《ふげし》郡門前町(現、輪島市)にある。樹齢700年の見事な大木が二本《ふたもと》あるというが、筆者はまだ実見したことはない。一度行ってみたいと思っている。

輪島塗といえば日本に数ある漆器の中でもナンバーワンの呼び声が高いが、その秘密は第一にその丈夫さにあるだろう。なぜそうなのかといえば、輪島の小峰山という山から採れる珪藻土《けいそうど》を漆に混ぜるところにある。それが硬度を増す工夫なのだが、一言でいえば原料に恵まれているということだ。

そして、その複雑で手間暇かけた工程、具体的にいえば何度も塗りを重ねるというところも、その理由の一つだ。

また輪島塗は決して頑丈一点張りの漆器ではない。時代は少し下るが、漆器の伝統的技法である沈金《ちんきん》を取り入れ、今はその美しさでも知られている。沈金とは、同じく漆器の伝統的技法である蒔絵《まきえ》が漆の上に金銀の粉をまいて造形するのに対し、漆塗りの表面に彫刻刀で模様を彫り、その溝の中に金箔を綿で押し込む技法で、今や輪島塗の代表的技法とされている。

曹洞宗のメッカとして栄える

ところで、なぜ門前町といったかといえば、日本仏教史上極めて重要な寺院が、まさにここにあるからだ。

その寺院の名を總持寺祖院《そうじじ》という。

神奈川県の横浜在住者は、鶴見区にある總持寺をご存じだろう。実はこの寺は永平寺と同格の日本曹洞宗《そうとうしゅう》の大本山なのだが、横浜に移転したのは明治になってからのことで、もともとはこの地にあったのである。だから今でもそれを記念して、祖院が残っているというわけだ。

この開山（寺院の創始者）を瑩山《けいざん》という。

曹洞宗といえば開祖にして、越前国に永平寺を開いた道元《どうげん》があまりにも有名だが、実は現在の曹洞宗では、道元を「高祖《こうそ》」、瑩山を「太祖《たいそ》」と呼び、永平寺と總持寺を共に「大本山」と呼んでいる。つまり、両者はまったく同格なのである。

普通どんな宗教、宗派でも開祖の地位は絶対だ。たとえば浄土真宗では蓮如の貢献度は高く中興の祖といってもいいが、それでも開祖の親鸞には及ばない。曹洞宗だけなぜそうなのか？ここのところは大変微妙な問題だが、はっきりいってしまえば、道元の立てた曹洞宗は一時滅びかけたのだが、それを瑩山が建て直したということだ。そして瑩山の取った路線は大衆化路線である。

道元の教えは厳し過ぎた。厳格な出家主義で、仏の教えを極めるためには坊さんになるしかない。しかも、女人は救済の対象から除外されている。もちろん葬式とか祈禱《きとう》とか呪《まじな》いの類は一切認めない。あまりに純粋過ぎて大衆性はゼロといってもいい。これではならじと瑩山は大衆化路線を押し進めたのである。

具体的には在家の信者を重視し、女性も僧侶（尼僧）として認め、大勢の弟子を育てたことだ。このことは決して私の独断でも偏見でもなく、日本を代表する宗教事典（『世界宗教大事典』平凡社刊）の「道元」と「紹瑾《じょうきん》（瑩山のこと）」の項には、「道元の思想は瑩山によって拡大解釈され」「道元が否定的であった密教的な要素を取り入れ祈禱を行ない――」と書いてある。

より砕いていえば、瑩山以前は「お葬式」も「御祈禱」もやってくれなかった曹洞宗が、瑩山以後はやってくれるようになったということだ。これが私のいう大衆化路線の意味である。

その瑩山の總持寺は、明治維新、文明開化と共に山深い能登から最先端の横浜に移転した。この一事をもってしても瑩山の曹洞宗がいかなるものか想像がつくだろう。

純粋であることは大切なことだが、そうあり過ぎることは、かえって衰退を招く。難しいものである。

観光的要素も多い注目のエリア

さて、『人国記』の記述を鵜呑みにするのなら、この地の人々は極めてホスピタリティに欠けているように思えてしまうかもしれない。

そんなことはない。この地は有数の温泉地で、特に七尾市の和倉温泉が有名だ。このあたりで採れる海産物はどれも身が引き締まっていておいしい。また日本酒の製造も盛んなので、地酒の盃を傾けながらウニやブリ、イカなど海産物に舌つづみを打ち、合わせて温泉を楽しむという経験ができる。

七尾といえば、戦国有数の山城である七尾城も、建物はないものの、城の遺構はかなり良好に保存されている。ここは上杉謙信が攻略した際、「霜《しも》は軍営に満ちて秋気清し」という有名な漢詩を詠んだ場所でもある。

それと忘れてはならないのは、能登金剛をはじめとする、日本海の荒波によって侵食された海岸線の風景の美しさだろう。

これまでは交通がやや不便なため、秘境というほどではないにしても、中央からは「奥座敷」的な感覚で見られていた。

だが、大きな変化は、この地に能登空港ができたことだろう（２００３年）。唐突かもしれないが、私は信濃国（長野県）が田中康夫前知事を生んだ（２０００年）のは、新幹線の影響だと考えている（１９９７年、高崎―長野間開通）。新幹線という東京とを結ぶ新しいパイプが、まさに新風を吹き込んだということだ。

空港は果たして能登を変えるのだろうか？

越中国

越中国《えっちゅうのくに》は北陸道の一角で、現在の富山県にほぼ相当する。

かつて越中国は能登国（石川県北部）を併合していた時代もあったが、短い期間で、能登は越中から独立して一つの国になった。これは想像だが、越中と能登は交通それも両国の交流が不便だから、一つの国にするのは無理があったのではないだろうか。

国府は現在の富山市ではなく高岡市にあったようだ。『万葉集』の編者として最も有力な存在であり、歌人でもある大伴家持は国司（越中守）として、この地に5年赴任して、さまざまな秀歌を残している。

もののふの　八十娘《やそをとめ》らが　汲《く》みまがふ　寺井の上の　堅香子《かたかご》の花

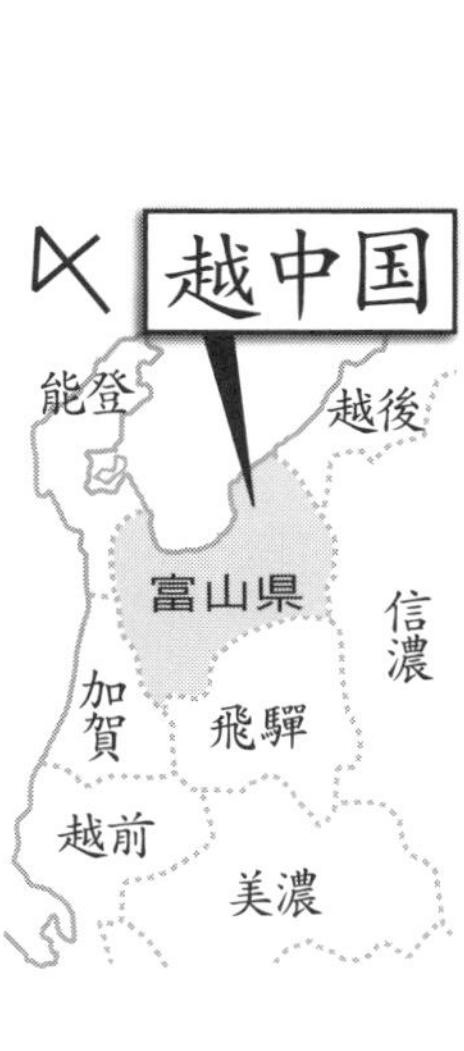

堅香子とは一般的には「カタクリ」のことだといわれているが、「フジバカマ」のような別の花だという異説もある。「カタクリ」だとすれば『万葉集』全体の中で、この花を詠んだ歌は他にない。

他にも家持にはこの地方にある二上山《ふたがみやま》（大和盆地南西の同名の山とは別）を詠んだ「玉くしげ　二上山に　鳴く鳥の　声の恋しき　ときはきにけり」など、この地で詠んだ歌が多いので、地元高岡市では「高岡市万葉歴史館」を建設し、また「高岡万葉まつり」を実施している。

そのメーンイベントは公園に設けられた特設水上舞台で、一般公募で選ばれた人々がリレー式で『万葉集』の全歌を高らかに歌い上げる「万葉集全20巻朗唱の会」である。中には万葉時代のコスプレをする人もいて、なかなか賑《にぎ》やかであるが、もちろん市民でなくても参加できる。

一の宮が3社もある？ 珍しい国

ところで、国府の所在地も高岡らしく、国分寺もこのあたりにあったらしいが、一の宮に関しては争いがある。

まず気多《けた》神社か射水《いみず》神社かという争いだ。

気多神社は実は本社は能登国にあり、大己貴命（オオナムチノミコト）を祀った、日本有数の大社だ（能登国にあるのは気多大社、高岡市にあるのは気多神社）。

つまり、越中と能登が一つだったときは、文句なく能登にある気多大社が一の宮であったのだが、能登が独立したときに越中国内で気多大社に続くナンバー2であった射水神社が、一時一の宮に昇格したらしい。

ところが、越中国内にも気多大社の信者が多く、結局、越中にあった気多大社の分社が一の宮の座を奪ったというのだ。ちなみに、射水神社に祀られているのは元は二上山の神、すなわち土着の神であった。

通常、一の宮というのは最も古くからある神社ですんなり決まるもので、あまり争いがないものである。やはり神社の格というのは「由緒ある」すなわち「古い」ということが大きな価値だから、新興の神社がとって代わるということは極めて難しい。

ところが、この越中国では中世になって「われこそ一の宮の資格あり」と名乗り出てきた神社があるから面白い。

それは雄山《おやま》神社である。

これは神社というよりも、芦峅寺《あしくらじ》という寺院の、いやそれよりも立山という霊山の信仰だと考えた方がわかりやすい。

なぜ、神社の話で寺が出てくるんだ、とはこの本の読者はいわないだろう。神仏混淆《こんこう》である。日本という国の歴史は、石器時代から数えれば数万年あるが、文字史料が残っているという通常の考え方でゆくならば、約2000年である。

そのうちの半分強、すなわち平安初期頃から明治維新までは、日本は「神と仏は同じ」という信仰が主流だった。

もちろん、各国の一の宮が決定された頃、つまり奈良時代前後は「純粋神道」の時代だった。

しかし、神道と仏教が習合することで新しい信仰の形態が生まれ、それが従来の神社信仰を上回ることが、たびたびあった。典型的な例がこの越中国の立山信仰なのである。

立山のような名山を神の住む場所として信仰することは、仏教以前の信仰であった。日本を代表する富士山にもコノハナサクヤヒメノミコトが祀られている。

だが、立山は早い段階から山自体が阿弥陀如来の極楽浄土だと考えられるようになったのである。それは、この山を開いたとされる奈良時代の佐伯有頼（一説には父の有若）という伝説的な存在の物語に、阿弥陀如来が登場したため、この地が阿弥陀の本拠すなわち極楽浄土であり、周辺の硫黄が噴き出る荒地や、小さな池や、岩だらけの斜面が地獄を象徴すると考えられるようになったからだ。

同じように「この世の極楽浄土」と考えられた場所に紀伊国の熊野がある。熊野大社の本地仏（本体）が、やはり立山と同じ阿弥陀如来であったため、熊野一帯が極楽浄土と考えられたのだ。

しかし、熊野との大きな違いは、その後は立山信仰の方が広がりを見せ、多くの人々がこの地を巡礼のように訪れたことだ。

立山とは実は単独の山ではなく、連峰を指す言葉で雄山、大汝山《おおなんじ》、富士ノ折立の三つの峰を合わせて立山という。また、立山三山といえば雄山と、独立している浄土山、別山を表す。

この地域は、いわば「信仰のテーマパーク」であった。人々は、この地の功徳を説く「御師《おし》」（伊勢神宮は「御師《おんし》」という）の言葉に信仰心を掻《か》き立てられ、まるでイスラム教徒が聖地メッカを目指すように立山を訪れる。

立山は霊山で女人禁制の山でもあった。では、女性信者はシャットアウトかというと、別の仕掛けがあった。

ふもとの寺に集められた女性信者は、目隠しをして白い布を敷いた橋（布橋）を渡らせられる。何か罪を犯している女性は谷底へ転落するといわれた。もちろん、転落などしないが先が見えないから相当怖かったと思う。

橋を渡り切ると御堂がある。そこを入ると中は暗いが、読経が済むと突然目の前の窓が開けられ、立山の威容が見えるというわけだ。立山には、立山を宗教世界に見立てた独特の立山曼荼羅《まんだら》すらあった。

厳冬の立山を越えた佐々《さっさ》成政

さて、時代は下って戦国時代、織田信長の家臣であった佐々成政は越中一国の大名に取り立てられた。だが、その信長が本能寺の変で死ぬと、成政は柴田勝家と組んで羽柴（のち豊臣）秀吉と対決した。

しかし、肝心の勝家が賤ヶ岳《しずがたけ》であっさり負けてしまい、居城の北の庄城（福井県）も落とされてしまうと成政は秀吉派の大名に取り巻かれ孤立状態になった。

ところが、その秀吉を野戦で破った大名が現われた。小牧長久手の戦いにおける徳川家康だ。成政は快哉《かいさい》を叫んだが、その家康が秀吉と講和を結んでしまった。これでは成政は再び孤立する。

何とか家康を説得して再び秀吉と戦わせたい。

だが、敵は成政の周りを囲んでおり、当時浜松城（静岡県）を本拠としていた家康のところへ行くには、立山を越えて南下し信州に出るルートしかない。しかし、季節は真冬である。

それでも成政は冬の立山、北アルプスを越えた。今と違って、ろくな装備もなければ山小屋もない。だいたい発電所も測候所もないから、冬山に入る必要はまったくない。だから、そんなことをした人間はいない。猟師ですら、自分の背丈より高い積雪を越えようとは思わない。

しかし、成政はそれをやった。疑う人もいるが、成政が半死半生の姿で浜松城にたどりついたのは歴史上の事実である。他にルートはない。これはおそらく「厳冬期の登山」ということでは、世界初の快挙（怪挙？）であろう。もっとも家康はそれでも講和の意志は変えなかったのだが――。

この佐々成政の「さらさら越え」、なぜ可能だったかといえば、おそらく立山信仰の信者が開拓した「近道」があったのではないか。もちろん、それは冬には使われないものだったろうが、そういうルートの存在を越中国の人々は知っていたのではないか？

越中で思い浮かぶ薬とふんどし

越中といえばもう一つ有名なのが、越中富山の薬売りである。

越中国は成政が滅んだ後、そのライバルであった前田利家（加賀百万石の祖）の前田家が、加賀藩の支藩として管理した。

その富山藩主前田正甫《まさとし》が、あるとき江戸城中で倒れた大名に、自分の印籠に入っていた薬を与えた。するとその大名の体調がすぐに回復したので、人々は驚きその薬の名を聞いた。正甫はとっさに「これは反魂丹《はんこんたん》でござる」と答えた。

反魂丹とは「魂を呼び返して生き返らせる薬」という意味だが、これが大評判になったので、正甫は領内の商人たちに薬の全国販売ネットワークを作らせた、といわれる。

それが「置き薬」で、セールスマンにあたる薬売りがあらゆる種類の薬が入った箱をタダで各家庭に置いて行く。そして何か月かごとに巡回し、使った分の料金だけ受け取り薬を補充していく。実に優れたシステムだが、平和で人々の移動の少ない日本でこそ可能なシステムだろう。

もっとも、最近開発途上国で医者の少ない地域にこの方式が輸出され、好評を博しているという。問題は長続きするかという点にある。

越中といえば「越中ふんどし」も連想される。布が六尺も必要で締めにくい「六尺褌《ふんどし》」に比べて「越中ふんどし」は安く着脱が容易である。名の由来に諸説あり、細川越中守忠利が発明者だからという説もあれば、この富山の薬売りが「おまけ」として配ったのが始まりという説もある。また、薬売りのネットワークが容易にできたのも、そもそも立山御師の組織ができていたからだという見方もある。

いずれにせよ、越中国は立山抜きでは語れないのである。

越後国

越前、越中などと同じく、古くは「越《こし》の国」として一つの地域であった。

「前後」というのは都から近いか遠いかということなのだが、大和朝廷の感覚では大和国から北上し敦賀に出て、氣比《けひ》神宮あたりから船出して能登半島の気多《けた》大社の沖を通り、対馬海流に沿って北上すると右手に広がっているのが、「越の国」であるという感覚だったらしい。

「邪馬台国」のことを記載した史書として有名な中国の『魏志倭人伝』にある「躬臣《くじん》国」が、「越の国」であるという説もある。

いずれにせよ古代には、日本海に面し中国大陸や朝鮮半島と向かい合っていた側の方が「表日本」であったから、この越の国も早くから開けていたらしい。縄文、弥生関係の遺跡は多く、また古墳も中国地方や九州地方ほどではないが、菖蒲塚《あやめづか》古墳（全長約50メートル）は、最盛期の前方後円墳としては日本海側最北端のものだ。古代、大和朝廷の支配はここまで及んでいたのだろう。

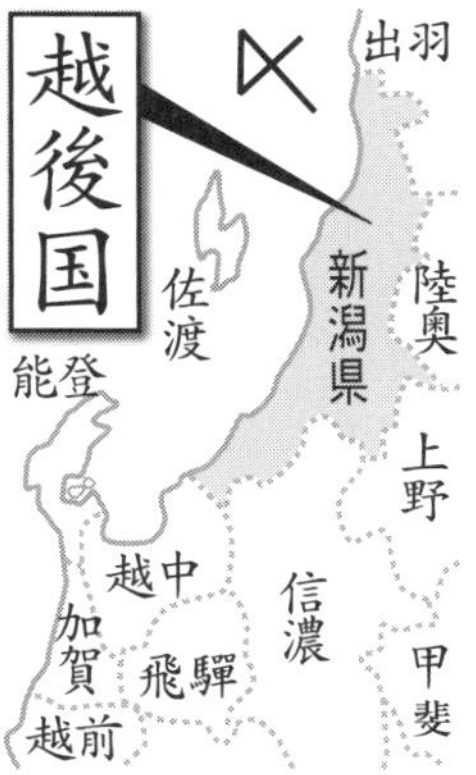

しかし、越の国すべてが大和朝廷の領域であったわけではない。特に都から一番遠い越後国《えちごのくに》においては、阿賀野川より北の地域は異民族である蝦夷《えみし》の領分であった。

それは大化3年（647）に、この地域に朝廷の前進基地ともいうべき渟足柵《ぬたり》が設けられていることでもわかる。柵は秋田城のような「城」とは違う。城が城壁と水堀で守られるものであるのに対し、柵はまさに「柵」つまりフェンスで周りを囲った砦《とりで》のようなものであったようだ。政庁（開拓使）が置かれる城よりは、軍事基地の色彩が強いものだったろう。

後に「前九年の役」、「後三年の役」が東北地方で起こったとき、「反乱」を企てた蝦夷の子孫ともいうべき安倍氏らは、すべて「城」ではなく「柵」にたてこもった。そのことを考えると、「柵」というのはこの地方独特の、つまり中央の流儀ではない「作風」の要塞のことをいうのかもしれない。

ちなみに渟足柵が設けられた、わずか1年後の大化4年（648）には、60キロメートル近く北上した村上市のあたりに磐舟柵《いわふね》が造られている。

大和朝廷の越の国開拓、それはアメリカ開拓史において白人がネイティブ・アメリカン（先住民）を圧迫・駆逐していった歴史を連想させる。

そして、日本はこのすぐ後に国運を賭けた大戦争をすることになる。白村江の戦い（663年）である。朝鮮半島の白村江へ向かうためには大船団と、それに乗せる兵士が必要であった。

どうやら、大和朝廷はその大部分をこの越の国で調達したらしい。というのは、この大船団の指揮を取った阿倍比羅夫《あべのひらふ》はこの時期、越の国の「国守」であったからだ。移動が不便で、大量輸送も困難な昔は、海の向こうに攻めて行くためには、そこに近い土地から兵や物資を調達しなければならなかったのだ。

これも、これより900年も後に行われた豊臣秀吉の唐入り《からいり》（朝鮮出兵）の際に、その先鋒となった加藤清正と小西行長が秀吉から九州で最も豊かな肥後国（熊本県）を与えられたことを思い出させる。

上杉謙信が台頭してきた経緯

さて、越の国はもともと開拓地であったから、開拓が進むにつれてあまりにも広くなり過ぎた。そこで、壬申の乱後の持統天皇の時代に、この国は三つに分けられた。それが「越前」「越中」「越後」である。

ただし、このときの越後国には後の出羽国（山形県・秋田県）も含まれていた。出羽国が独立するのは和銅5年（712）である。

つまり、ここでようやく越後国の領域が定まったわけだ。その後、一時佐渡国（佐渡島）と一緒にされたこともあったが、すぐに分離したので、越後国と佐渡国は別の国である。

武士が台頭する平安末期から鎌倉時代にかけては、越後国はまず平家の有力武将である城《じょう》氏の領有となったが、平家が滅亡すると、やがて執権北条氏の直轄領となった。

ところが、その北条氏が南北朝の動乱で滅亡すると、今度は足利尊氏の家臣の上杉氏がこの地を支配するようになった。

上杉家は、室町幕府の関東管領《かんれい》をつとめるほどの名家であったが、越後国内においては勢力を失い、代わって台頭したのが守護代の長尾家であった。

この長尾氏が戦国時代の当主景虎《かげとら》の代に上野《こうづけ》国の所領を失い、越後国に保護を求めてきた関東管領上杉憲政の養子となって、上杉を名乗るようになる。これが上杉謙信だ。上杉謙信は春日山城に本拠を置き、類い稀な軍略の才と、越後国内で発見された金山からの財力をもって、有力な戦国大名にのし上がった。

義侠心が強く無欲だった謙信

謙信と甲斐《かい》国の武田信玄の川中島の合戦は有名だが、この合戦の発端は、北信濃の大名村上義清が信玄に所領を奪われ越後国に亡命して、謙信に泣きついたことだ。

義清は謙信に「領土を取り戻して下さい」とお願いして、それを謙信が受けたということなのである。つまり信玄は領土欲で戦争したが、謙信は義侠心《ぎきょうしん》で戦争をしたということなのである。

「そんなのウソだ」と思うかもしれないが、謙信は家来たちの内紛に嫌気がさして、城を捨てて一人出奔《しゅっぽん》し、僧になろうとしたことがあるほど無欲な男なのだ。

また、妻子も持たなかった。後を継いだのは養子の景勝である。つまり元来は「子供に財産を残そう」という意識すらなかったのだ。

そして、上杉家を継いだのも、憲政に懇願されてのことだ。実は、本来は越後国守護代であった謙信が関東管領になろうというのは無理がある。関東管領とは「関東を鎮《しず》める幕府の重職」である。

ところが、現実の関東は戦国大名北条氏康の天下である。そもそも上杉憲政が関東を追い出されたのも、北条との決戦に敗れたからなのだ。そこで憲政は、上杉家が守護であった越後国に流れてきたのである。

関東管領という称号をただもらうだけなら、大変名誉なことだし箔《はく》もつく。だが、本気で「関東管領の職務」を果たそうとしたら大変なことになる。それは北条と戦って滅ぼすということを意味するからだ。

もっとも謙信以外の戦国武将なら、憲政から上杉の名跡と関東管領の職という名誉だけをもらって、戦国有数の大名北条氏康と対立しようなどとは夢にも考えなかっただろう。しかし、そこはマジメで義侠心に篤《あつ》い謙信である。

実は謙信は川中島に行かないときは何をやっていたかといえば、一向一揆討伐と小田原攻めなのである。

小田原城は北条の本拠地で、天下の巨城である。越後国から遠征するには、大変な労力を必要とするし、短期決戦では絶対に落ちない城だ。

この城は後に豊臣秀吉が十数万の軍勢で包囲し、兵糧攻めにして初めて落ちた。年１回、短期間、しかも遠い越後国から攻めてきても落ちるものではない。しかし、謙信は織田信長との対立が深刻になる晩年までは、毎年のように小田原城を攻めていた。

果たして謙信は天下を取れたか

「あと10年、信玄が長生きしていたら天下を取っていただろう」という説がある。実は私はこれは成立しない（詳しくは拙著『逆説の日本史⑨』を見ていただきたい）と思っているが、「謙信があと10年――」と主張する人は、いわゆる謙信崇拝者の中にもまずいない。その理由は彼の義侠心つまり「正義」にある。

謙信は「利」によって戦争はしない。しかし、それでは天下は取れない。逆にいえば彼ほど「ムダ」な戦争をした人はいないのに、戦国大大名として終わりを全うしたのだから大したものである。

それはやはり前述したように天才的といってもいい軍略の才と、それを支える財力があったからだろう。

ちなみに佐渡金山が上杉氏のものになったのは、謙信より景勝の時代らしいのだが、それならば逆に佐渡の金は実力に入っていないわけだから、ますます凄いということになる。

戦国大名は戦争に強いというだけでは決して大きくなれない。信玄の甲州金、毛利元就の石見銀山、今川義元の安倍金山など、その実力は金銀鉱山とセットになっているケースが多い。

ただ、これに頼っていないのが「楽市、楽座」という別の「金鉱」を使っていた織田信長であるということも、戦国史を見るポイントの一つである。

上杉氏は景勝の代になって、その楫取《かじと》りを誤った。関ヶ原の戦いで景勝は石田三成の西軍に味方したのである。

戦後、上杉家は領地を半分以下に減らされ米沢に転封させられた。ここで、穀倉地帯でもあり金山も豊富な越後国はいったん徳川幕府のものになった。

しかし、幕府はこれを細かく分割し、決して大きな大名は置かなかった。やはり反乱の根拠地となるのを警戒したのだろう。

ところで、現在の県名となっている新潟《にいがた》はもともと長岡藩の港町であったが、昔はそれほど有名ではなかった。しかし、江戸時代初期の寛永8年（1631）に洪水が起こり、その影響で信濃川と阿賀野川という二つの大河が合流し、河口の新潟の水深が深くなった。いわば自然の力で良港となったのである。

かつて日本有数の港であった伊勢国安濃津《あのつ》が大地震によって壊滅したのと、ちょうど逆の現象である。この良港を生かすために、歴代藩主が商人保護政策をとり、新潟は日本海側最大の港湾都市として栄えた。

実はその後、新発田《しばた》藩の工事の悪影響で、新潟港の水深は浅くなった。しかし、現在は新しい技術によって港湾整備が進められ、ロシア方面への玄関口として再生されている。

佐渡国

古くは神話の大八洲《おおやしま》の一つに数えられる、日本最大の面積をもつ島である。島のわりには起伏に富み、最高峰の金北山は1172メートルあり、一方平野部も多い。佐渡というと雪深い場所としてイメージされているが、対岸の越後国（新潟県）の方がはるかに積雪が多く、佐渡国の方はむしろ温かく気温も零度以下になることが少ない。

また、島というと通常は漁業が中心産業になるのだが、この島は農業の方が盛んである。平野が多く、山も高いため保水力があって稲作に適しているからだ。

大和朝廷にとって「土地」とは米のできる場所ということだ。佐渡は稲作に適していたため、古くから律令制度の中に組み込まれていた。さらに大きな面積をもつ蝦夷《えぞ》島が「大和」に組み入れられなかったのと対照的である。

佐渡国の名は『続日本紀』の文武天皇条に出てくるのが初見である。西暦700年のことだ。文

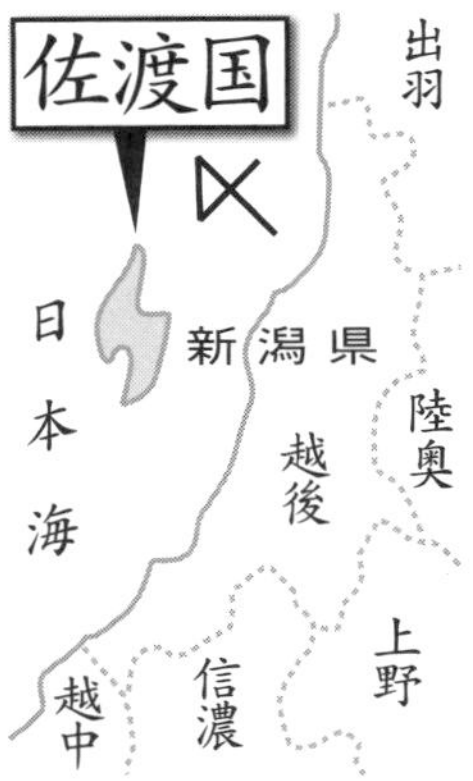

武天皇といえば、奈良時代中期に大仏が建立される直前の時代だ。大仏というのは東大寺の本尊だが、東大寺というのは都にある総国分寺だと考えられていた。東大寺をトップに地方の国ごとに国分寺がある。

そして、天皇を中心とした朝廷から国を治める国司が派遣される——これが奈良時代に整備された律令体制だが、その時点で「国」として明確に意識されていた場所には、必ず国分寺があるということだ。佐渡国にはもちろん国分寺があった。

むしろ寺よりも国府がどこにあったのか、今一つ定かではないのだが、中央からは重要視されていたことがよくわかる。

ただし、その律令の規定はこの後、佐渡国にあまりありがたくない地位を与えた。それは「流罪の島」、正式にいえば遠流《おんる》の地ということである。

公家の政権を目指した後鳥羽院

最初に流されたのが順徳上皇だ。

承久《じょうきゅう》の乱（1221年）である。

昔はこれを「承久の変」と呼んだ。天皇絶対の皇国史観の下では、天皇が「反乱」を起こすことなど有り得ないからだ。「乱」とは下級者の上級者に対する反逆を意味する。だから「本能寺の変」もその「犯人」を主語にするなら「明智光秀の乱」となる。

逆に秀吉の「朝鮮出兵」は対外戦争だから「文禄の役《えき》」、「慶長の役」（元寇が「文永の役」「弘安の役」であるように）と呼ぶべきだが、朝鮮側ではこれを「壬申倭乱《じんしんわらん》」と呼んでいる。

壬申は朝鮮国には独自の年号がないのでエトを用いているわけだが、「倭乱」というのは差別語である。中国ですら平安時代以降は日本を「日本」と呼び「倭（ちっちゃくて醜いこと）」とは呼ばない。「乱」に至っては、まるで日本国が朝鮮国の「家臣」のように聞こえる。

もっとも秀吉の行為によって、朝鮮が尽大な被害を受けたのは事実だから、憎しみのあまりこう呼ぶのはやむを得ないかもしれないが、同時に差別的な意味があることもきちんと教えていただきたいものだ。一方、日本では東北の安倍貞任との戦いを「前九年の役」と呼んだ。つまり、彼らを異民族と考えていたことがわかる。

さて、承久の「乱」に話を戻すと、これは鎌倉幕府によって初めて築かれた武家政権（成立は12世紀末）に対して、それまで日本を支配していた天皇家が、日本の支配権を取り戻そうとした戦いであった。

その主役が後鳥羽天皇（後に引退して上皇となる）である。

引退といっても、後鳥羽は倒幕に専念するために上皇となったのだ。天皇は忙しい。先祖をお祀《まつ》りしたり豊作を祈ったり、公式日程は今も昔もぎっしりなのである。

ところが、上皇は朝廷の様々な仕事をする必要がないから自由に動ける。スタッフも少人数だから、秘密に物事を行うには何かと好都合だ。

後鳥羽は初め、鎌倉幕府と協調してやっていけると思っていた。三代将軍源実朝《さねとも》が歌道に秀でて、朝廷を重んじる姿勢をとったからだ。

ところが、その実朝が暗殺されてしまった。私はこの暗殺は、実朝があまりにも朝廷寄りだったので、武士の利益を守ろうとした人々の総意で行われたものだと思っている。

とにかく、これで後鳥羽は「協調路線」を捨てた。鎌倉幕府の創立者源頼朝《よりとも》の直系の子孫もこれで絶えたから、二重の意味で日本の支配権は朝廷に帰ってくるべきだと考えた。

後鳥羽は自分だけでなく子にも天皇を引退させた。これが順徳上皇である。順徳の後はまだ4歳の天皇が立った。これが後に「仲恭天皇」と呼ばれる。

つまり、後鳥羽は親子の「ダブル上皇体制」で倒幕を策したのである。

承久の乱が失敗に終わった理由

しかし、これには根本的な無理があった。そもそもなぜ武士というものが発生したのか。それは平安中期の日本で、軍隊というものが廃止されてしまったからだ。なぜ軍隊を廃止したかといえば、「前九年の役」に始まった東北の異民族征討が一段落し（ちなみにこの征討軍の司令官の名称が征夷大将軍である）、国内が平和になったのと、日本独特のケガレ思想の影響である。

「ケガレ思想」とは正確には「ケガレ忌避《きひ》思想」といったもので、「軍隊とは人殺しだからケガレている。だからなくてもいい」という発想で、今でも日本にはこういう人々がいるが、実は1000年以上前からの伝統でもある（詳しくは拙著『穢《けが》れと茶碗』〈祥伝社刊〉をご覧いただきたい)。

しかし、実際問題として軍隊をなくしてしまえば、国の治安は保てない。特に開拓地(植民地)である東国《とうごく》(関東以北)は乱れに乱れていた。その中で、自らの権益を守るために武装した農場主とその家臣、これが武士の起こりである。このように武士はもともと私的な者であったから、何の公的権利ももっていなかった。

実際には平安後期以降、日本の治安だけでなく生産も支えていたのは武士であった。しかし何の権利もない。公式には土地の所有権すら彼らには認められていなかった。

その彼らの怒りのエネルギーが、武士主体の国家改造へと向かわせた。そのリーダーとなったのが源頼朝で、彼らの「組合」が鎌倉幕府だ。

朝廷(会社)は幕府(組合)に「経営権」まで奪われた形になった。

この「変則」な状態を解消しようとしたのが後鳥羽上皇なのだが、こういう経過だから朝廷自体は自前の武力をもっていない。だから後鳥羽は武士に命令を下して、武士の集団である幕府を倒そうとした。

先ほど、無理があったといったのはそのことだ。

いかに多大な恩賞を約束しようと、武士の利益を守る団体を、まじめに倒そうとする武士がいるわけがない。後鳥羽の試みは失敗した。その後鳥羽と順徳の親子に、幕府はかつてない過酷な処分をした。後鳥羽を隠岐島に、順徳を佐渡島へ流罪にしたのである。

これまで天皇をつとめた人が、流罪にされた例はないわけではない。しかし、それは天皇家の内紛などによるもので、流す主体もあくまで天皇家であった。

ところが、この場合は形式的には幕府が擁立した天皇家が出したという形をとっていたが、実質的にはかつては身分の低い「虫ケラ」同然であった武士が、日本史上初めて天皇を島流しにしたということで、その後600年続く武家政治を確固としたものにする大事件であった。

金山を繁栄に導いた大久保長安

それ以降も佐渡には「大物」が流された。日蓮もそうだし、世阿弥もそうだ。日蓮は自らの宗教的主張が危険視されて、この地に流されたのだが、日蓮はこの過酷な環境の中でますます信念を深めていった。偉大な宗教家は必ず過酷な体験をバネにしているが、日蓮にとってはそれが佐渡への流罪だったのだ。

それに対して世阿弥は、なぜ流されたのか？　室町幕府六代将軍足利義教《よしのり》の不興を買ったのが直接の原因といわれている。それにしても「遠流」とはただごとではないが、残念ながら紙数の都合でそれに触れるゆとりがない。

さて佐渡というと、今ではどちらかといえば、寂しいイメージがするかもしれないが、実は中世以降はまるで逆できらびやかなイメージこそ佐渡の本領であった。

なぜなら佐渡は、世界有数の金山があったからだ。既に戦国時代からこの地に金山が開発されていたが、関ヶ原の戦いで上杉景勝からこの地を奪った徳川家康は、佐渡を幕府直轄地とし佐渡奉行を置いた。

その「初代」というべき人物が大久保長安である。長安は能楽師出身の謎の人物だが、日本初のテクノクラート（技術官僚）といってもいい人物で、優れた鉱山技術をもっていた。その指導の下で佐渡の金山は新たな鉱脈も見つかり、生産量も増え、徳川家の財政に大いに貢献した。

関ヶ原の戦いの15年後に豊臣家は滅ぶが（大坂夏の陣）、その敗因の一つに全国の金山、銀山を徳川家に奪われたことがある。その中でも佐渡はまさに最大級のものであった。

佐渡は山が深く、また島でもあるため、地下に穴を掘るということは湧水に悩まされることでもあった。

江戸時代、佐渡は再び流罪の島となったのだが、幕府はむしろ体力のある凶悪犯などをここへ送り込んだ。その理由は、鉱山労働が採掘よりも排水に重きを置いていたからだ。「水替え人足《にんそく》」と呼ばれた労働力の確保が必要だったのである。

しかし、ゴールドラッシュにわいた島は、その金を掘り尽くされ、一転してゴーストタウンとなった。佐渡のイメージが寂しいのはこのせいである。

ところで、佐渡といえば哀調を含んだ、「佐渡おけさ」が有名だが、これが、現在の歌に完成されたのは明治以降のことである。そして、その歌詞のように「佐渡へ佐渡へと草木もなびく」時代は確かに存在したのである。

大名は今でいう「県」を押さえているが、それに対して最も小さな単位「郡」や「村」の小領主を国人という。有名なところでは蜂須賀小六《はちすか》も野盗の頭ではなく国人だろうし、毛利元就《もとなり》は国人から大大名に成り上がった。

ところが、伊賀はそうした国人ばかりがいて、いわゆる大名のいない珍しい国であって、武士たちも独特な発展を遂げた。

それがいわゆる「忍者」というものだ。

忍者すなわち「忍《しのび》」は既に聖徳太子の頃から史書に出てくる。いわゆる隠密《おんみつ》であり、現代語でいえばスパイあるいは特殊工作員というところだろう。「政府」あるいは「政略」がある限り、こうした役目の者は絶対に必要だ。

このような職種の人間に必要なのは、人を倒すよりも人家に忍び込むような体術であり、また変装などで人を惑わす詐術《さじゅつ》であろう。

中世の書物『人国記』には伊賀の風俗について、次のように書かれている。

一円実《じつ》を失ひ欲心深し。さるに因《よ》って、地頭は百姓を誑《たぶら》かし、犯《おか》し掠《かす》めんとすること日々夜々なり、百姓は地頭を掠めんことを日夜思ひ、夢をだに儀理と云《い》ふことを知らざるが故に、武士の風俗猶《なお》以て用ひられざるなり。

否定的な書き方だが、ここに書かれているのはまさに「忍者」の風俗そのものだ。

武士は義理と名誉を重んじ、欲につられてはならない。主君のためには死をもいとわない、それが武士の風俗だ。

それが「猶以て用ひられ（未だに定着）」しない伊賀では、頭を使って人もたぶらかすことはあたり前なのである。金で仕事を引き受け、そのために義理とか名誉を捨て、命を惜しんで使命を果たす、それが忍者というものだ。

江戸時代に書かれた忍術書にある、エピソードを一つ、二つ紹介しよう。

ある男が、一人では持ち運べない瓶《かめ》をすぐに運んでくるように命じられた。男はどうしたか？店頭にあったその瓶を盗んだ金で買ってしまい、自分のものにしてから叩き割った。そしてカケラをカゴにつめてもってきた。合格である。「瓶を無傷でもってこい」ではないからだ。

またある男が剣の達人の両刀を奪ってくるように命じられた。男は、その達人がよく参詣する神社の社殿に身を潜め、相手が神前に一礼したところで素早く両刀を抜き取った。実は、もう一人の男を後ろにはりつけておき、注意をそらしていたのである。

さらに、ある忍術書には人の屋敷に忍び込む際の心得として、「夏はよくない。寝苦しいから目を覚している者が多い。涼しくなって夏の疲れがどっと出た頃を狙え」などとこと細かに書いてある。『鬼平犯科帳』で有名な池波正太郎氏は、私の推測だが、これら忍術書の愛読者であったようだ。

服部半蔵と徳川家康との関係

「陰忍《いんにん》・陽忍《ようにん》」ということも書いてある。

陰忍とはわれわれがふつうにイメージする忍者のことで、姿を隠し敵の本陣に乗り込んで密書を奪ったり敵将を暗殺したりして、短期で帰還するスパイや特殊工作員のことだ。００７ジェームズ・ボンドもこの一種である。

一方、陽忍とは顔どころか地位も身分もすべて明らかにしている「スパイ」のことをいう。もちろん短期間では、そんなことは不可能だ。忍者ということは一切伏せて、敵地に堂々と入って行く。

有名人ならかえって好都合だ。堂々と土地の領主に会ったりして情報が取れる。

また有名でなければ、その地で場合によっては女房をもらって子供もつくり、その地に永住する。そうすれば集めようと思わなくても情報が入ってくる。これを陽忍という。

陽忍なんて本当にあるのかと思うかもしれないが、現代のイスラエル・パレスチナ紛争で、ある男が敵陣営の中で出世し、政府高官になる寸前で発覚し処刑されたという例もある。時間はかかるが、これが一番確実で成果も期待できることだから、今でも世界のどこかで行われているかもしれない。

百地三太夫《ももちさんだゆう》とか藤林長門守《ながとのかみ》とか、忍者として名高い（本当はそれはいけないのだが）人物もいるが、もう一つ伝記はわからない。

しかし、はっきりとした来歴が残っている者もいる。服部半蔵である。

戦国武将の中で、織田信長は忍者を嫌った。もともと「まやかし」の類が嫌いな信長である。忍者の方でも脅しをきかせるために「この術は仙人から習ったのだ」とか「わしの体は不死身だ」などと不合理なことをいったから、超合理主義者の信長に嫌われ、伊賀は焼き討ちにあった（天正伊賀の乱）。

しかし、伊賀者を嫌わなかった武将もいる。その代表が徳川家康で、服部半蔵の主人でもある。半蔵は本当に忍者だったかというと、実は確証はない。

だが、伊賀出身の武将であったことは間違いなく、早くから家康に仕えていた。その半蔵が大手柄を立てたのが、本能寺の変の直後、いわゆる「家康伊賀越えの危難」の時だ。

本能寺の変で信長が明智光秀に討たれた時、家康は信長の招待でわずかな供を連れて堺にいた。光秀にとってみれば家康を討ち取る好機だ。

家康は共に招待されていた武田家の一族穴山梅雪《ばいせつ》と一緒に三河を目指したが、恩賞に目がくらんだ野武士や農民が次々に襲ってくる。梅雪は非業の死を遂げた。

家康は伊賀を越えて伊勢、つまりかつての大海人皇子と同じルートで、領国の三河に帰ろうとした。この方が追手の目をくらますことにもなる。伊賀は山深い国だからだ。

しかし問題は、地元の国人の動向である。この国は彼らの庭のようなものだ。もし彼らが敵に回ったら防ぎようがない。

ここで地元の衆を説得し、味方につかせたのが半蔵であった。

術は無論ある。礎石《そせき》というのがそれで、地面に埋め込んだ石の土台に柱をはめ込み、隙間に水が入らないようにする。柱自体も「朱《しゅ》」などの塗料でコーティングして防水する。こうすれば、建物は1000年でも保《も》つ。

1000年とはオーバーな、と思うかもしれないが、実は神宮とほぼ同じ時代の建物で、このような技術を使って1000年保った建物が実在するのである。

それが奈良の法隆寺だ。

法隆寺というのは、日本における外来文化の象徴といえるだろう。法隆寺は飛鳥時代に建てられたままの建物が、今も使われているのだ。

ここで疑問がわかないだろうか？　それは同じ時代に法隆寺があるならば、なぜその技術を神宮にも応用しなかったのか、と。

それが、宗教であり、伝統なのである。

後からいかに優れた技術が入ってきても、御先祖様のやり方を変えない。そして、法隆寺つまり仏教が象徴するのが「永久不変の真理」ならば、神宮もそうなのだ。

ただし、それを「1000年保つ建物」で表現するのではなく、20年ごとに破壊し新築するということで、まるで親が死に子が産まれ、人類が長く続いてきたというような形で表現するのが、日本流なのである。

神道とキリスト教の意外な類似点

もっとも、日本流と限定してしまうことは、少し語弊があるかもしれない。「死と復活」を根本の教義とした宗教は世界中にある。キリスト教もそうだ。日本人は知らない人が多いが、キリストの生誕祭（クリスマス）に優るとも劣らない重要な祭りは復活祭（イースター）である。

この教義はもともと、太陽神信仰に基づくのではないかという説がある。太陽は生まれ（日の出）、盛んな時を過ごし（日中）、最後は死ぬ（日没）。しかし、次の夜明けは必ずやって来る。1年に四季があり、冬の後には必ず春が来ることも、こうした「死と復活」の宗教を人々に親しみやすいものにしたに違いない。

20年ごとに（少し場所を移して）、建物をすべて新築するということは、こうした人類の古い信仰に基づく、貴重な習慣であろう。

今、うっかり「建物」と限定してしまったが、作り替えられるのはもちろん建物ばかりではない。神に捧げる、衣裳、装飾品、供物等あらゆるものが、すべて新調される。

最近これは技術の伝承形態としても、非常に優れているのではないかという、評価がなされている。

20年といえば一世代だ。職人の子供が父の跡を継いで一人前になる時期である。こうした時に、新たな「注文」があれば、技術の伝承はたやすい。宮大工にしろ飾《かざり》職人にしろ、こうした機会を与える意味が、一見無駄な20年ごとの遷宮に込められているのである。

面白いことに、神宮と法隆寺の唯一といってもいい共通点は、共にヒノキ材を使うことだ。スギは成長も速いが衰えも速い。ヒノキは使えるまでに時間がかかるが、うまく使えば千年の使用に堪える。それなのに、神宮はわざわざヒノキを使って、しかも20年ごとに建て替えているのだ。伝統というのはまことに興味深いものである。

さて、伊勢という国は気候温暖で、海の幸山の幸が豊富な「美《うま》し国」でもある。最南端の志摩地方（志摩国）は、戦国時代に織田信長配下の水軍として有名だった九鬼《くき》水軍の根拠地だから、昔から貿易を通して豊かな産物が入ってきていた。

世界に知られるミキモトパールも、もともとこの地に生まれた御木本幸吉《みきもとこうきち》が、名産の天然真珠を人工的に作ることができないかと発案工夫したのが、その始まりである。明治以降、日本人による最大の発明の一つ「養殖真珠」はこの風土で生まれたのだ。

伊勢参りは団体旅行の〝さきがけ〟

古来、神宮があるためか、伊勢人はプライドが高く商売に不向きだと評されることもあるが、どうしてどうして伊勢人はある意味で日本初の団体旅行の生みの親なのである。

神宮はかつて皇室だけのもので、一般人の参拝は禁じられていた。

皇室の勢いが盛んな奈良・平安時代はそれでもよかったろうが、鎌倉あたりになると、神宮は収入が激減し様々な祭事の維持も困難になった。

そこで立ち上がったのが「御師《おんし》」と呼ばれる人々である。

もともと神宮の下級の神職だったこの人々は、全国に伊勢信仰を広げ、いわば参拝客の「誘致」に成功したのである。

御師たちは積極的に地方を回って、神宮の霊験を説き御札を配り、伊勢参宮を目的とした信徒団の組織作りを行った。これが伊勢講で、江戸時代になると爆発的に流行した。

参宮というと堅苦しいようだが、実体はむしろ観光旅行である。漠然とした観光よりも、目的地があった方が計画も立てやすい。各地の名所を訪ねつつ伊勢に参拝し、参拝後は「精進落《しょうじんお》とし」と称して盛んに遊ぶ。伊勢の門前町はこうした「団体」の来訪によって、大変に栄えた。

「精進落とし」というのは、「神社参拝のために潔斎精進《けっさいしょうじん》した。だから、参拝後は身を汚すほど遊びまくろう」という、とんでもない理屈（？）なのだが、まさにこれこそ門前町を支えた原理であり、今似たものを探せば「修学旅行」つまり「学問を修めるための旅行」というところか。あれも実体はかなりの部分で観光旅行だろう。

外国ではこういうものは少ない。イスラム教徒のメッカ巡礼は観光というよりはむしろ苦行に近く、欧米でこういう旅行が盛んになったのは、トラベラーズチェックで有名な「トーマス・クック」が健康にいいと提唱したからでもある。

私は、今も盛んな「団体ツアー」の元祖はこの伊勢参りだと思っている。さしずめ旗をもって先頭に立つツアーコンダクターは、現代の「御師」といったところか。江戸時代には、伊勢参りの他に大山《おおやま》参り、金刀比羅《こんぴら》参りなどいくつもの「ツアー」があったが、これも源流はすべて伊勢参りだろう。

こうした中で生まれたのが、伊勢人のホスピタリティというべきものだ。伊勢人は遠来の客をもてなすことには熱心で、真剣につとめてくれる。これも、そうした御師の努力が実を結んだのだといえるかもしれない。

元来、気候が良く豊かな土地というものは、団結心が生まれにくく、外に対しても素っ気ないという評価が下されることが少なくない。

しかし、伊勢がそうではないのは、やはりこの神宮の存在があるからだろう。伊勢にとって神宮というのは、それほど大きな存在なのである。

尾張国

現在の愛知県の西半分である（東半分は三河国）。

この地を代表する木曽川のもたらした土砂が広い沖積《ちゅうせき》平野を形成し、また日本のほぼ中央に位置し陸路・海路共に便利であることから、古くより栄えた。

ちなみに、北側にある美濃国（岐阜県中南部）との境界も木曽川であるが、昔はこの川は今より北を流れていたので、尾張国《おわりのくに》の領域も現在の愛知県より少し北側（岐阜県側）に広がっていた。

ところが、ちょうど、この地出身でもある豊臣秀吉が天下を固めた天正14年（１５８６）に大洪水があり、そのために尾張国の一部が美濃国に編入され、現在の形となったのである。

熱田神宮が尾張国一の宮ではない理由

大和朝廷との関係も深く、神話ではヤマトタケルがこの地のミヤヅヒメと契《ちぎ》りを結んだこと、そして三種の神器の一つである剣（草薙剣《くさなぎのつるぎ》）を置いていたことが記されている。タケルは悪党どもの火攻めにあったとき、この剣で草を薙《な》いで山のようにして火を点《つ》けた。その火で火攻めの方向を逆にして、悪党どもをほろぼしたとされている。

これが静岡県に今も残る焼津《やいづ》、そして草薙《くさなぎ》という地名の由来だが、タケルは近江国伊吹山の悪神を退治するときには、なぜかこのゲンのいい剣を置いて行ってしまった。それが敗北の原因となったのである。

結局、そのとき受けたダメージが大きく、タケルは「大和は国のまほろば」という絶唱を残して死ぬのだが、その遺骸を埋めたとされるのが、白鳥古墳《しらとり》（名古屋市）である。タケルはここに葬られた後、白鳥となって空へ舞い上がり、大和へ帰って行ったという。

この地に白鳥古墳と並んであるのが、尾張国最大規模の断夫山《だんぷさん》古墳（全長151メートル）である。6世紀の前方後円墳で、200メートルを超す大和のものには見劣りするが、それでもかなりの力をもった豪族の存在を証明している。

また、白鳥古墳も現在は全長70メートルに過ぎないが、かつての墳丘が削られた形跡があり、これも断夫山に劣らないほどの古墳だった可能性がある。これらは、むしろ尾張の国造《くにのみやつこ》として栄えた尾張氏一族の墓と考えた方が、いいのではないかと思う。

その力の象徴が、この草薙剣を御神体とする熱田《あつた》神宮で、ミヤヅヒメの住居跡に建てられたと伝えられている。

ただし、熱田神宮は尾張国一の宮ではない。一の宮すなわちその国第一の神社は、今でも一宮《いちのみや》という地名の残る愛知県一宮市にある。真清田《ますみだ》神社という。これが尾張氏の先祖につながる神社らしい。

神宮という神社名は大和朝廷、天皇家とゆかりの深い神社しか使えないもので、全国的にも珍しい。にもかかわらず、なぜ熱田神宮は尾張国一の宮にならなかったのか?

今のところ謎である。「神宮」であるがゆえに、他の神社とは別格扱いにされ、通常の神社の中から一宮が選ばれたのだという説があり、これが一番妥当だと思うが、残念ながら明確な史料は残されていない。

ところで、尾張国にはもう一つ有名な神社がある。

地元の人は「国府宮」つまり「こうのみや」と呼ぶ、尾張大国霊《おおくにたま》神社で、ここは「はだか祭」という大祭で知られている。

毎年、旧暦一月の寒い夜に行われるが、「神男《しんおとこ》」と呼ばれる一人の選ばれた青年に、神の若衆が競って触れようとするのである。

なぜそんなことをするかといえば、神男に大厄を背負わせるという意味があるといわれる。そして神男は最後にすべての厄を餅《もち》に押し付け、それを土中に埋めて祭りは完結するのである。

この尾張大国霊神社は、国府宮の名の通り、かつて尾張国府だったこの地で総社《そうじゃ》としての格をもっていたらしい。総社というのは国府の役人が国内すべての神社を回るのは大変だから、それらの神霊を一か所に勧請（分霊）したものである。群馬県や岡山県には今も総社の地名が残るが、もともとは各国に一つ必ずあったものなのである。

とにかく、この地方は古くから栄えていた。古代最大の内乱であった壬申の乱（672年）の折にも、尾張国造の下にあった兵が勝敗の行方を定めたらしいことが、『日本書紀』にも記載されている。

頭角を現した織田信秀・信長父子

しかし、尾張国が日本史に決定的な影響を与えたのは、何といっても戦国時代にこの地から織田信長が出現したことだろう。もともとこの尾張国は、鎌倉・室町を経て、名門斯波《しば》氏が守護大名として君臨していた。織田氏というのは地元の豪族で、あくまでこの斯波氏の守護代、つまり現地代理人をつとめていたに過ぎなかった。

しかも、信長の父織田信秀はこの守護代織田氏ではなく、その家来である織田氏の一族だった。家老が主君の織田氏を追い払って尾張国を奪ったのである。信秀という人は戦争もうまかったが、それ以上に経済運営が上手だった。

津島神社（津島市）は、「牛頭《ごず》天王社」と呼ばれ、伊勢路に向かう水路（天王川を経て伊勢湾に出る）の川港町として栄えた。この町の商業利権を信秀は確保していたらしい。息子の信長が楽市・

楽座政策をとったのも、この父親の経済的センスを継いでいたのだろう。

そして、信長は人材を見抜く天才でもあった。豊臣秀吉、前田利家、山内一豊など信長に見いだされて、その後日本史を変えた人物は少なくない。

加藤清正あたりも直接的には秀吉の家臣だが、信長が秀吉を見いださなければ、清正が大名になることは有り得なかったし、熊本城もなかったということになる。城といえば、世界遺産である姫路城を築いた池田輝政も、もとはといえば尾張出身で信長の家来であった。

そして隣国三河の出身だが、後に天下人となった徳川家康も、そもそも信長の「弟分」であったことは有名だ。

尾張国の主府は、昔は国府宮あたりにあったが、戦国時代は清洲《きよす》に移った。信長が生まれたのは那古野《なごや》城であるとされている(異説もある)が、本拠は清洲に置いた。この時点で那古野(名古屋)は、見捨てられていたのである。

しかし、戦国時代も終わり、徳川家康がこのあたりを領地とするようになると、当時まだ大坂(大阪)に健在であった豊臣氏を封じ込めるために、名古屋の地に巨城を築いた。金鯱《きんこ》(俗にいう金のシャチホコ)を屋根にいただく名古屋城である。家康は、若い妻に生ませた九男の義直を、この城主とした。徳川御三家の始まりである。

この城普請《しろぶしん》を、家康は加藤清正や福島正則など、豊臣家にゆかりの深い大名にやらせた。彼らの忠誠心を試すと共に財力を消耗させたのである。結局、加藤清正はこの築城後急病で死に(暗殺説がある)、福島正則は豊臣家滅亡後に取り潰しにあって領地も城も失った。

徳川吉宗と宗春の対照的な政策

こうして、家康によって尾張国の主府は名古屋と定められたのだが、江戸時代に入っても名古屋自体はあまり繁栄していなかった。当時の「高速道路」でもあり「新幹線」でもある東海道から、名古屋ははずれていたのだ。

いわゆる「東海道五十三次」の宿駅の中に、名古屋は入っていないのである。東海道を西へ下る旅人たちは、尾張国に入ると名古屋の南を素通りして宮《みや》の宿にとまる。ここは熱田神宮の門前町で、伊勢湾を桑名まで渡る船の出発港でもあった。

この宮—桑名間は海路でというのが、東海道の正式ルートであったのだ。したがって名古屋は現代の東京にたとえれば、霞ヶ関のような官庁街であって、「ホテル」も「商店街」も「娯楽施設」もなかった。

それは宮の宿にあり、また宮の旅館や遊廓、商店は日本有数のものであった。だからこそ、尾張国の住人も「買い物」は宮へ行くということになり、「官庁街」の名古屋は旅人が寄らないので、まともな旅館すらないという有り様だった。

これを革命的に変えたのが、江戸中期の尾張徳川家当主徳川宗春（通称、尾張宗春）であった。八代将軍徳川吉宗の時代である。

一般に吉宗というと「名君」のように思われているが、それは小石川養生所の設立など民生の分野においてであって、経済運営家としては、吉宗は決して優秀ではなかった。

とにかく倹約し農民をしぼればいい、というのがこの人の経済感覚であった。多くの人が認識していないのが「ゴマの油と百姓はしぼればしぼるほど出《い》づるものなり」とうそぶいた勘定奉行（神尾春央《かんおはるひで》という）は、この吉宗の部下だったということである。

確かにこのような男が農民をしぼれるだけしぼったため、吉宗の代で幕府の財政は赤字から黒字へと転化した。そこで政府中心に物を見る人はこれを「享保の改革」と呼ぶわけである。

しかし、宗春はこうした路線には大反対だった。「金を持っている人間が倹約などしたら困るのは職人であり商人だ。とにかく大量消費こそ世を救う道だ」。こう考えた宗春は、自らも町に出て金をバラまき、芝居小屋や遊廓も名古屋城下では自由に経営してよいと許可した。

このため、江戸では禁止されている芝居が、名古屋では上演できることにもなり、一流の役者が名古屋を本拠とし興行した。こうなれば全国から人が集まる。東海道を行く旅人も名古屋に立ち寄るようになり、名古屋はまさに日本一の消費都市となった。

しかし、これを憎んだ吉宗によって宗春は強制的に隠居させられ、生涯名古屋城二の丸に幽閉された。「遊女濃安都《ゆめのあと》」というのは、この時代の名古屋の繁栄を今に伝える古文書である。

三河国

現在の愛知県の東部にあたる。愛知県西部にあたる尾張国の首府が名古屋なら、この三河国《みかわのくに》の首府は岡崎であろう。岡崎といえば、江戸幕府を開いた徳川家康が生まれた場所でもある。

そのことは後ほど述べるとして、三河国自体の歴史から振り返ろう。

この国は海に面し、気候も温暖であることから、早くより開けていたらしい。

律令時代に入ってからも、三河国は重要視され、持統上皇《じとうじょうこう》が海路この地を訪れたという記録もある。海路というのは伊勢からで、伊勢神宮と三河との間には、特産品の糸の納入ルートがあった。

また、古代の渥美半島は窯業《ようぎょう》が盛んで、鎌倉時代の東大寺再建には、この地方の瓦が多く使われているという。

三河国と徳川家康との関わり

中世は武士の時代だが、この地は朝廷との結びつきが強かったらしく、承久《じょうきゅう》の乱や後醍醐《ごだいご》天皇の倒幕運動に際しては、天皇側に馳せ参じた武士が多かった。

このためか室町幕府はこの地を警戒し、直轄領とした。つまり、守護は足利家の一族が任命されていたのだ。この足利一族が三河国内で大きく広がったことから、それぞれの家が区別のために苗字《みょうじ》を名乗るようになった。それが吉良《きら》、今川、細川、一色といった人々で、これらは先祖は同じ足利である。

そして今川家は隣国駿河国（静岡県東部）の守護となり、吉良氏は三河の守護となった。

しかし室町末期になると、守護大名は本来家臣であったはずの「実力者」にとって代わられ、没落するという事態となった。

たとえば天下人織田信長の父信秀は、尾張国の守護大名斯波家の守護代の家来に過ぎなかったが、主家を追い出して尾張一国の大名となった。こうした「成り上がり」を戦国大名と呼ぶ。

三河国も同じ状況だった。北部の山深い里、松平郷を本拠としていた一族が、海に面した温暖な南部を目指して進出してきた。

その中でも織田信秀と同時代の松平清康という男は、極めて優秀な人物で、あっという間に西三河を征圧し、西の織田信秀と勢力争いをするようになった。

ところが不運なことに、清康はつまらぬことで恨みを買って家臣に暗殺されてしまった。この「守山崩れ」と呼ばれる事件のために松平氏は一気に勢力を失い、最終的に孫の竹千代（後の徳川家康）は、駿河の今川義元のところに人質に出されることになった。

つまり、三河松平家は今川家に服属することになってしまったのだ。今川家は松平兵を常に最前線に立たせたり、年貢を横取りしたり、イジメ抜いた。義元がもっと長生きしていたら、松平家は使い捨てにされたかもしれない。

その運命を、義元を討ち取ることで変えてくれたのが、信秀の息子信長であった。確証はないのだが、二人は少年時代に面識があったと思われる。

というのは、まだ幼い竹千代が今川家に人質に出される際、家臣の裏切りによって三河湾から駿河へ向かうはずの船が、反対側の尾張に入ってしまったからだ。つまり裏切り者によって竹千代は、織田信秀に売り渡されてしまったのだ。

信秀はこれを「カード」として使おうと、領内の寺に竹千代を軟禁した。この間、腕白坊主で好奇心旺盛な少年時代の信長が、黙っていたはずがない。当然、のぞきに行ったであろうし、ひょっとしたら遊んだことぐらいあるかもしれない。私はその可能性は、かなり高いとみている。

義元が死ぬと、家康は早速方向転換した。信長との同盟である。信長もそれを望んでいた。家康に背後を固めてもらって、自分は京都へ進出しようというのである。かくして織田・徳川の「織徳《しょくとく》同盟」は成った。

特筆しておかねばならないのは、この同盟は「裏切り」「騙《だま》し討ち」があたり前の戦国時代において、一度も破られることなく、本能寺で信長が不慮の死を遂げるまで続いたということだ。戦国時代において、最も強固な同盟だったといえるだろう。

もちろん、この同盟は家康に大きな利益をもたらした。信長と同盟者であったことが、天下人への道を開いたのだから。ここで興味深いのは、この二人の性格がまさに尾張者、三河者の典型的なものということだ。

家康に影響を与えた三河の気質

筆者も信長と同じ尾張者だが、戦国時代の尾張者の気質は今の「名古屋人」とはかなり違う。

今の「名古屋人」は貯蓄を第一とする堅実型だが、これはむしろ三河者に近い。戦国時代の尾張者とは、まず新しいもの好きで、投機的なことが好き、時代を見抜くセンスはいいが、欠点をいえば粘りがないということだろう。

三河者は違う。まず実に慎重で、新しいものに飛びついたりはしない。むしろ保守的で「昔通り」がいいという。そして堅実な仕事を好むが、欠点をいえば疑り深いということだろう。「石橋を叩いて渡る」のである。

それは「慎重」ということだが、なぜ「叩く」のかといえば、「石の橋でも安心できない」という「疑い」をもっているからだ――まさにこれが三河者なのである。

それでも「先輩」の信長や秀吉に鍛えられた家康には経済センスがあったが、その子孫たちは経済というものを蔑視し、農業中心の保守的な政策をとり、「何事も権現様《ごんげん》（東照大権現《とうしょうだいごんげん》＝家康のこと）の頃のままにせよ」といった。

実は家康よりも「後ろ向き」になった。たとえば、日本には「馬」もおり「車」もあったが、これで「馬車」を作って日本全土に「新幹線」を造ろうという発想はせず、街道はてくてくと自分の足で歩けばいいということにした。そして「新奇」なものの代表である外国とは極力接触しない、「鎖国」体制に入った。

家康が三河者でなければ、私はもう少し違った日本になっていたと思う、いいか悪いかは別にしてだが。現に「鎖国」の長所として、日本文化が熟成されたということを挙げる論者もいるのである。

また家康は古い名家を「保存」しようと、かつて守護の座から追い落とした吉良氏や今川氏などの子孫に、高家《こうけ》という職を与えた。旗本は旗本だが軍人というよりは儀典係で、位も公家なみに高い。元禄年間にこの高家筆頭であったのが、有名な吉良上野介義央《よしなか》だ。

「大悪人」とされる人だが、その直轄領であった三河国吉良庄あたりでは、名君の評判が高い。私も吉良上野介という人は、決して悪人ではなかったとみている。赤穂義士を賞揚するために、「無実」の罪を着せられたのである。

このあたりは『逆説の日本史第⑭』で詳しく書いたので、興味のある方はそちらを見ていただきたい。

先ほどの熟成で思い出したが、三河国といえば八丁味噌の産地でもある。では、なぜ「八丁」なのか？　それは家康が生まれた岡崎城から西へ八丁（約８７０メートル）離れた八丁村で仕込まれたからだといわれる。八丁味噌は全国でも珍しい「豆味噌」だ。普通の地方では「米」か「麦」なのだが、豆の方が栄養価が高い。

家康や、同じくこの味噌を食べていた信長や秀吉が天下を取れたのは、本人も部下の兵士もこれを食べていて、「米味噌」や「麦味噌」しか食べていない国々の兵を圧倒したからだ、という説を読んだことがある。あながちこれは冗談とはいえない。

最近は海外でも味噌ブームで、健康食品として盛んに輸出されているようだが、実は外国に輸出するならこの味噌が一番いいと私は思っている。というのは、海外では多くの人々がこれをシチューのベースに使っているからだ。

普通の味噌は、汁が沸騰《ふっとう》する直前に入れる。あまり煮込むとまずくなるからだ。しかし、豆味噌は煮込めば煮込むほどうまくなる。味が落ちない。このあたりの特性をもっと三河の人は売り込んだらどうだろうか?

寺院や古戦場など見所も多い

三河国の寺社といえば、全国的に一番有名なのは豊川稲荷《とよかわいなり》かもしれない。「お稲荷さん」というのは「本体が狐」とされているが、実は神道系と仏教系の二系統があって、それぞれ本体の名が違う。

京都の伏見稲荷大社が神道系の代表なら、この豊川稲荷は仏教系の代表だろう。いずれも福徳の神様であることには違いはない。

知名度よりも古さを問題にするのなら、やはり鳳来寺《ほうらいじ》を忘れるわけにはいかない。大宝2年(702)、利修仙人《りしゅうせんにん》によって開かれた、日本有数の山岳寺院である。家康の父母はここに子宝祈願をして家康を授かったということだ。

また、この地は「ブッポウソウ(仏法僧)」と鳴く鳥がいることでも有名だ。ちなみにこう鳴くのは「コノハズク(鳥の名)」であって「ブッポウソウ(鳥の名)」ではない。つまり昔の人は、姿の良いブッポウソウがそう鳴くと信じていたのだが、実際にはフクロウの仲間であるコノハズクがその「正体」だったのである。何やら「教訓」になりそうな話ではある。

この鳳来寺のすぐ南に、長篠《ながしの》の古戦場がある。正式には、「設楽原《したらがはら》」と呼ばれるこの地で、信長が武田勝頼《かつより》と対決し、鉄砲の一斉射撃で武田騎馬隊を大敗させた。

南の三河湾一帯は国定公園となっていて、特に海に突き出した渥美半島からは湾内の島々が絵のように見てとれる。幕末の蘭学者で蛮社《ばんしゃ》の獄で死に追いやられた渡辺崋山《かざん》は、この半島にあった小藩田原藩の家老であった。蘭学者としての識見は、この海に面した土地で養われたのかもしれない。

そういえばこの半島の突端伊良湖岬には、かつて南洋から椰子《やし》の実が流れついたことがあり、それを見つけた民俗学者柳田国男が、詩人島崎藤村《とうそん》に話したのが「椰子の実」の詩が生まれるきっかけであったといわれている。

遠江国

なぜ「遠江《とおとうみ》」かといえば、都から見て「近」くに「江（この場合は大湖を指す）」つまり琵琶湖があるのが近江国で、「遠」くに「江」つまり浜名湖があるのが遠江国だからである。

現在の静岡県のほぼ西半分、天然の国境大井川を挟んで東は駿河《するが》国になる。大きな川一本あるだけで、人情風俗はまったく違う。現在でも駿河側は静岡新聞のエリアでJリーグ（サッカー）は清水エスパルスだが、遠江側は中日新聞のエリアでジュビロ磐田《いわた》である。

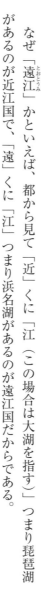

ウナギの焼き方、つまり背から割くか腹から割くかも、ここらあたりが境界という。ウナギといえば浜名湖が有名だが、これは浜名湖が汽水湖《きすいこ》つまり海とつながっている湖であるということも、大きな理由である。

ウナギは不思議な生き物で、淡水で大きくなるくせに産卵は海でする。シラスというのが稚魚《ちぎょ》で海で育って川へ上ってくる。実はウナギの産卵は未だに謎が多くよくわからない。養殖といっても卵から育てるのではなく、稚魚のシラスをもってきて育てるのだ。
世界最大のウナギ消費国日本では、今必死に「卵からかえす」形の養殖を研究している。

家康を追い詰めた三方ヶ原の合戦

ところで、このあたりは気候も温暖で、農業にも漁業にも適した地だったので、古くから人間が住みついていたらしい。

駿河側は弥生時代の登呂《とろ》遺跡で有名だが、遠江側にはさらに古い縄文時代の遺跡や貝塚、そして三ヶ日《みっかび》人の人骨も発見されている。

その後、大和朝廷の時代に入ると、磐田が遠江の中心であったらしく、この地に国分寺が築かれた。平安時代末期には、このあたりに伊勢神宮の荘園（御厨《みくりや》と呼ばれる）があり、特に浜松あたりには蒲《かば》という御厨があった。

この近くの池田の遊女を母とし、源氏の棟梁《とうりょう》源義朝との間に生まれたのが源範頼《のりより》（頼朝の弟で義経の兄）であり、生地にちなんで「蒲冠者《かばのかんじゃ》」と呼ばれた。義朝は艶福家で、東国と都を往復する際の宿場の駅々に女性がいた。三浦半島の三浦氏の女《むすめ》が産んだのが長男義平、尾張・熱田神宮の大宮司の女は頼朝を、京の宮廷の下級官女だった常盤《ときわ》は義経を、そして池田の遊女は範頼を産んだというわけだ。

この他にも美濃青墓《あおはか》の遊女が女の子を産んでおり、平治の乱で父とはぐれた頼朝はここへ匿《かくま》われたことがある。

ところが、その後、繁栄は浜名湖寄りの浜松に移った。

これは徳川家康の功績が大きい。このあたりの城は、それまでは今川氏の曳馬《ひくま》城であった。しかし、有名な桶狭間の合戦で今川義元が討ち取られると、今川氏は衰退に向かい、結局本領であった駿河国は武田信玄に、遠江国は徳川家康に分け取りにされてしまった。その時、信玄に対抗するため三河国の岡崎城から家康はこの浜松に新城を築いて移転したのである。

浜松城は残念ながら建物は再建だが、天下の名将徳川家康が築城しただけあって、なかなかの名城である。現に、信玄がその最晩年、織田信長を叩きつぶすべく上洛の途についたとき、まず遠江へ侵入しながら、この城は攻めなかった。

もちろん、それは信玄の目的が西へ向かうことであって、浜松攻略は二の次だったからだが、自分の領土を素通りされては武将の沽券《こけん》にかかわると、信玄を追撃したのが三方《みかた》ヶ原の合戦である。

これは当然、信玄の作戦でもあった。城攻めは少なくとも数か月を要し、上洛という本来の目的が果たせなくなるので、あえて浜松城には指一本触れずに西へ向かったのだ。そうすれば、家康が武将のプライドをかけて城から出撃してくるだろうと読んだのである。

出てこなくてもいい。出てこなければ、守りの手薄な三河・尾張をすぐに攻められる。家康も臆病者として評判が地に落ちる。出てくるならくるで待ち伏せすればよい。その場所に信玄が選んだのが、浜松の北の郊外に広がる約10キロメートル四方の台地「三方ヶ原」であった。

要するに「出ても」「出なくても」、信玄は勝つ。それは逆にいえば、家康はまんまと信玄の術中にはまったということである。

この時、家康は生涯最大といってもいい敗北を喫した。満を持した信玄の待ち伏せに、徹底的に叩き潰されたのである。

家康自身も後一歩で首を取られるところだった。近臣が身代わりになってくれたから助かったのだ。しかし、たった一騎で命からがら浜松城へ逃げ込んだ家康は、恐怖のあまり脱糞していたという。

ウソではない。家康はその時、そのことを隠さず、急いで絵師を呼ばせて、人生で最もみじめな時を迎えた自分の姿を描かせたという。自分の失敗の教訓にしようと思ったのだ。この絵（しかみの像）は今も残されている。床几《しょうぎ》に座り、何ともいえぬ苦い顔で前を見つめている肖像である。

浜松城ゆかりの老中水野忠邦

しかし、浜松城に逃げ込んだ家康を、信玄は深追いしなかった。あくまで上洛が目的だからだ。この時、信玄は何らかの病を発病していたと考えられる。そのために急いだのだろう。だが、結局病には勝てず、信玄は病死する。家康はこの城のおかげで命が助かり、最後は天下を取った。

そのために江戸時代を通じて「出世城」と呼ばれ、譜代大名の名門がこの城の城主になりたがった。城下町浜松も発展し、駿河側の駿府《すんぷ》と共に、この地方の2大都市となった。

そういうわけで江戸時代、遠江国を領し浜松城を居城にした大名はたびたび交代した。一番有名なのが幕末の「天保の改革」で知られる水野忠邦《ただくに》だろう。しかし、忠邦は評判の悪い殿様であったらしい。

一般に、江戸時代に行われた徳川吉宗、松平定信、水野忠邦による「三大改革」を、それが実施された年号にちなんで「享保《きょうほう》の改革」「寛政《かんせい》の改革」「天保の改革」と呼んでいるが、「改革」とは名ばかりで、特に寛政の改革はむしろ反動政治といった方がよく、天保の改革も成功したとはいい難い。

要するに儒学の「商売は悪」という理念に基づいているから、財政再建といっても倹約ぐらいしか方法がなく、これを庶民の側からみると「楽しみを奪われる」ことでしかないからだ。

天保年間の実在の町奉行「遠山の金さん」こと遠山金四郎景元《かげもと》があれだけ人気があるのは、忠邦が「贅沢《ぜいたく》禁止」のために江戸の芝居小屋を全部潰そうとしたのを、やめさせたからである。

その忠邦が浜松城主時代は名物の大凧《おおだこ》上げをやめさせた。この行事は戦国末期の永禄《えいろく》年間（１５５８〜１５７０年）に始まったと伝えられるもので、各町内からデザインを競った畳一枚分ぐらいの大きさの和凧を上げ、糸切り合戦をするものだ。端午《たんご》の節句の行事として今も毎年ゴールデンウイークに行われているが、この浜松っ子の誇りを忠邦は奪ったというわけだ。評判が悪いのもあたり前か。

これに対して大変評判がいいのが、その後にきた井上家である。井上家も三河以来の名門で、かつてこの地の領主だったこともあったのだが藩主の不行跡を理由に、東の方へ転封させられていた。それがいわばカムバックしてきたのである。

最初私は不人気の水野家の後にきたから、自然に歓迎されたのかと思っていたのだが、井上家はこの前は上野国館林《こうづけのくにたてばやし》におり、そこから機織《はた》りの技術をもってきたらしい。

これが明治になって、近代工業の発展を促した。まず楽器の生産で浜松は有名になった。「ヤマハ」、「河合」である。

それがさらに発展し、オートバイの一大産地となった。「アメリカ人の趣味を変えた男」本田宗一郎の「ホンダ」も「スズキ」も、もちろん「ヤマハ」もこの地の産業であった。

夜泣石など遠江に伝わる七不思議

遠江人はのんびりしている駿河人に比べて、利にさとく機をみるのに敏で商売に向いているという。

しかし、それだけではなく、楽器やオートバイという、極めて精密さを問われる機械を世界相手に輸出していることに着目すれば、その「マニアック」ぶりがまさに日本民族の一つの気質を代表している。遠江国はまさに、そうした意味での日本の縮図なのかもしれない。

昔からこの地に伝承されている「遠州七不思議」というものがある。

全部は紹介しきれないが、いかにも遠江らしいものを二つ紹介しよう。一つは「小夜《さよ》の中山の夜泣石《よなきいし》」である。遠州（遠江）は東海道とは切っても切れない関係にあるが、その難所の一つとして「小夜の中山」がある。現在の掛川市あたりにある峠だが、ここは大変な難所であったため、よく追いはぎが出た。

江戸時代の中頃、峠を越えた宿場へ急ぐ身重《みおも》の女性が、追いはぎに殺された。ところが、子供はその遺体から生まれた。そして泣いているところをその子は、通りがかりの僧に救われた。

母の魂は傍らの大石にとどまり、夜ごと子を思って泣いたという。そして成長した男の子は、母の命を奪った追いはぎを探し出し、仇を討ったと伝えられている。

もう一つは「桜ヶ池のお櫃《ひつ》納め」。

比叡山の高僧で、浄土宗の開祖法然上人《しょうにん》の師でもあった阿闍梨皇円《あじゃりこうえん》は、56億7000万年後に釈迦の後を継いで悟りを開くという弥勒《みろく》に会うために、自ら龍と化して桜ヶ池に住むようになった。

そして師を慕って現れた法然に自分の姿を見せたという。そこで年に一回、この龍に捧げる供物として、米の入った櫃が池に沈められる。これがお櫃納めだ。

この桜ヶ池のすぐ近くには浜岡原子力発電所がある。最新鋭技術の粋を集めた施設と伝説の池が隣り合う不思議な光景、それが遠江国であり、日本国なのかもしれない。

駿河国

駿河国《するがのくに》は現在の静岡県東部にあたる。静岡県の中央部を流れる大井川が、昔は天然の国境で西側の浜名湖周辺が遠江国で東側が駿河国となる。それが駿河国の西端で、東端は箱根の入り口までということになる。箱根の先は北へ上れば相模国、南へ下れば伊豆国だ。

駿河は随分昔から開けた土地だったらしい。「スルガ」の語源は「珠流河」だが実は何を示すかはっきりしない。「川」ではなく「植物の名」だという説もある。

弥生時代の遺跡で、かつては最も有名だった登呂《とろ》遺跡もここにある。登呂は弥生後期（2～3世紀）の大規模な住居跡である。

ヤマトタケルノミコトの神話にも、この国は重要な舞台として登場する。ヤマトタケルがこの地を訪れた時、悪人が草原に火を放ちミコトを焼き殺そうとした。ミコトは逆に神剣の天叢雲剣《あめのむらくものつるぎ》を振るって草を薙《な》ぎ、その草に火を放つことによって炎の流れを逆転させ賊を焼き殺したという。

焼津、そして草薙《くさなぎ》という地名の起こりである。ちなみに神剣もこれから後は草薙剣と呼ばれるようになった。

駿河の象徴、富士にまつわる伝説

そして駿河国の象徴として、ぜひとも語らねばならないのは富士山である。

富士山は南は駿河国、北は甲斐国《かいのくに》にまたがっているが、特に駿河側から見る富士は海とのコントラストが実に見事である。

『万葉集』にある山部赤人《やまべのあかひと》の名歌――。

田子（田児）の浦ゆ
うち出《い》でて見れば
真白にそ
富士（不尽）の高嶺に
雪は降りける

「ふじ」という言葉の起こりも、「不二（ふたつとない）」や「不尽（煙が尽きない。昔、この山は噴煙を上げていた）」とか、『竹取物語』にあるように、かぐや姫のために多くの兵士が集まったから「富士」だとか、様々な地名起源伝説があるが、かなり古くから中央、つまり当時の都である関西地方に知られていた。

既に『日本書紀』の次の正史（官史）である『続《しょく》日本紀』に富士山噴火の記録がある。古くは富士五湖のうちの二湖（山中湖・河口湖等）の形成にも噴火がかかわっているといわれ、残りの三湖（本栖湖《もとすこ》、精進湖《しょうじこ》、西湖《さいこ》）は平安時代の貞観《じょうがん》6年（864）の噴火によって今のように形成されたとされている。

富士の神は、コノハナサクヤヒメである。

オオヤマヅミの神には二人の娘がいた。醜女《しこめ》のイワナガヒメと、美人のコノハナサクヤヒメだ。アマテラスの孫であるニニギノミコト（天孫《てんそん》 天皇家の祖先）は、妻としてコノハナサクヤヒメを選んだ。

しかし、それは誤りであった。イワナガヒメは確かに美しくはないが、それは「不変」の象徴であり、「不死」に通じるものだったのだ。

一方、コノハナサクヤの「美しさ」は、いずれ消えゆくものである。ニニギノミコトはコノハナサクヤを伴侶に選んだため、その子孫（つまり天皇家）は神の裔《すえ》でありながら、寿命が尽きるようになったのだという。

外見の美しさに惑わされてはいけないという、実に教訓的な（？）神話である。

駿河は豊かな国でもある。気候温暖で作物が多くとれ、海に面しているから海の幸も楽しめる。もちろん交易もできる。そういうところは人情豊かになるかというと、どうもそうではないらしい。

「遠州（隣国遠江）と替り、人の気狭くして、而《しか》も実少なし。気狭きがゆゑに伸《の》ぶる意少なく、気の屈する時は、取り直すことを知らずして、命を終るものあり。かるが故《ゆえ》にその気かたく（頑）なし」　（カッコ内は引用者注）

これは江戸の初期、関祖衡《せきそこう》が『人国記』の改訂版として刊行した『新人国記』の引用だが、『人国記』の記述とだいたい似たり寄ったりである。あまり気が進まないが、あえて要約すれば「駿河人は遠州人に比べて狭量であり、あまり盛り上がることはなく落ち込んだ時はすぐにダメになる。そのために気質はガンコな者が多い――」

私がいっているんじゃないですよ。もとは『人国記』の著者（不詳）の言葉である。

おそるおそる次を続けよう。

「されども常に、諂《へつら》ふ気質あるものは多く、義理を思ひて身を立つるものは少なし。すべて威厳多く、互ひに人を卑《いや》しめおとす。更にしまりなき風なりとぞ」

だんだん訳すのが恐しくなってきた。まあ、ここは訳さなくてもわかるでしょう。「威厳」というのはここでは「空威張り」ぐらいの意味でしょうか。「風」は「風土」とか「風俗」ですかね。

駿河の守護として君臨した今川氏

富士といえば、鎌倉時代の曾我兄弟の仇討《あだう》ちでも有名だ。

兄弟は父河津《かわづ》三郎祐泰《すけやす》が殺された後は、母の再婚先の曾我姓を名乗ったが、父の仇工藤祐経《すけつね》を討ち取ろうと考えていた。祐経は鎌倉幕府の創設者源頼朝の腹心である。ここで兄弟は、天下を取った頼朝が一大イベントとして行った富士の巻狩りの際に、祐経の宿舎を夜討ちした。

曾我兄弟は、よく間違えられるが、十郎祐成《すけなり》が兄で、五郎時致《ときむね》が弟である。芥川龍之介も子供の頃「十郎が兄、五郎は弟」と正しく答えたのに、無知な大人から笑われたという経験を何かに書いていた。「曾我物」は能にも歌舞伎にも多いので、ここは一つ恥を掻かないように覚えていただきたい。

そして首尾よく仇を討ったものの、十郎はその場で討ち死。五郎は捕えられて処刑された。

これは昔から日本三大敵《かたき》討ちの一つ（あと二つは赤穂浪士と荒木又右衛門）とされてきたが、単純な仇討ちではなく頼朝政権に対する何らかの反抗であるという見方もある。

いずれにしろ仇討ちとしては、背景に雄大な富士山を仰ぎ、天下人頼朝の一大イベントの中という、まさに「ドラマになる」ものだ。多くの「曾我物」が作られるわけである。

そして、鎌倉を経て室町の世に至ると、このあたりは守護大名今川氏の領土になる。

今川というと、織田信長に桶狭間の合戦で討ち取られた義元ばかりが有名だが、今川は源氏の名門であり、「今川仮名目録」などの分国法（大名家法）でも有名だ。

今川氏は武田氏などと同じく、室町の守護大名から戦国大名に「発展」した家として、その重要度は結構大きいのである。たとえば、尾張国では守護大名の斯波氏が没落し、新興の織田氏に取って代わられた。

通常は、こうした「成り上がり」を戦国大名というのだが、今川氏は名門大名でありながら、戦国大名へと見事に変身したのだから、並の力量ではなく、また歴史が長く記録が整っているから激動期の研究にはもってこいなのである。

隣国相模、伊豆両国を領した戦国大名北条早雲（伊勢宗瑞《そうずい》）も、最初は妹が今川の当主義忠の子を生んだことから、足がかりを摑んだのだ。早雲の子孫は後に北条氏を名乗り、氏康の代に絶頂に達する。

義元も決してバカ殿ではない。ただ相手が悪かった。信長の方が天才であり過ぎたのだ。そして忘れてはならないのは、徳川家康の存在である。

徳川家康と結びつきの強い国

家康は三河国（愛知県東部）の生まれだが、実家の松平家の没落によってこの地に人質として送られ、成人して嫁を娶《めと》って子まで成した。

ここは、天下人徳川家康の揺籃《ようらん》の地なのである。

家康はこの時代の大名の中では、群を抜いたインテリであった。農民上がりの豊臣秀吉は仕方ないにしても、信長あたりでも漢籍を読みこなすほどの読書力はなかった。

しかし、家康は学問の価値を知っていた。天下を取った時、家康が幕府の公式学問として儒教を採用したのも、漢籍の読解力抜きには考えられないことだ。

家康は、晩年につくった九男義直（御三家尾張の祖）に生涯に収集した膨大な蔵書の一部を贈ったが、これは「駿河御譲本《おゆずりぼん》」と呼ばれ、現在でも尾張徳川家文庫の中核をなしている。

家康は息子秀忠に将軍職を譲って「隠居」の身になった時、その隠居所として選んだのは生まれ故郷の三河国岡崎ではなく、駿河国の首府つまり駿府《すんぷ》であった。

家康生存中は、多くの家来が駿府に住んでいたが、家康の死後江戸に移住した。その人々が与えられた土地が、今の東京の駿河台である。ちなみに駿府は今の静岡市だ。

どうして家康は岡崎ではなく駿府を選んだのだろう？

隠居所として気候温暖な場所が良かったのだが、それなら他にもある。やはりここが「青春」の地だったからかもしれない。

ちなみに三河ではなく駿府が「徳川家の故郷」という意識はその後も定着し、明治の大政奉還で徳川が将軍家から一大名に格下げになった時も、与えられたのはこの駿河七十万石であった。

ちなみに、今このあたりは「茶どころ」として有名だが、これには理由がある。

米という作物は基本的には暖かい場所が育ちがいいのだが、もう一つ水が豊富でないと耕作が難しい。逆に日照時間が長くて水はけがいい、つまり水に乏しい台地のようなところには良い茶ができる。

「唄はちゃっきり節、男は次郎長」で有名な「ちゃっきり節」は20世紀になってから電鉄会社の依頼で作られた一種のＰＲソング（新民謡）で、作詩は詩人の北原白秋だが、「ちゃっきり」とは、茶切り鋏の音と「茶を切る（茶葉をハサミで切って取り入れる）」すなわち「茶っ切り」の意味である。

は頼朝の配所が「川の中洲」であったからともいわれている。

つまりこの流罪は、流罪とはいうものの、かなり厚遇されていたといえるだろう。大島に流されていたら、おそらく後の頼朝の活躍はなかった可能性が高いのである。問題はこの「厚遇」が偶然なのか、誰かの配慮だったのか、ということだ。

私は、ずばりそれは源頼政の配慮だったと思っている。

源氏の武士の中で初めて従三位《じゅさんみ》の高位にのぼり公卿となったことから、「源三位《げんざんみ》頼政」とも呼ばれる源頼政は、平治の乱で源氏一族が没落したとき、唯一中央政界で生き残った男でもあった。直前に平清盛に味方したのである。しかし、それは平家に心服したわけではなかった。

なぜならこのときから21年後、平家に不満を抱いていた皇族以仁王《もちひとおう》を口説いて「平家追討の令旨《りょうじ》」を出させ、頼政は打倒平家を目指し挙兵するからだ。頼政の挙兵自体は失敗したが、この令旨が全国の源氏に伝えられたことで、頼朝も義経も木曾義仲も兵を挙げ、平家は滅亡するのである。

つまり、頼政はいずれ平家打倒に踏み切る際に、「手駒」として使えるかもしれない頼朝を、大島ではなく「蛭ヶ小島」に「保護」しておいたのではないか。

いい忘れたが伊豆国は頼政の知行国《ちぎょうこく》(中央からの国司の赴任がなく、国主が自由に支配できる国)だったのである。

想像をたくましくすれば「蛭ヶ小島」という名も、実際に頼政が中央への報告の中に使ったのかもしれない。

「あの頼朝は伊豆国の蛭ヶ小島に流しました」といえば、昔は正確な日本地図などないのだから、大島よりも環境の劣悪な絶海の孤島に流したのだと、誰もが思ったことだろう。

そして、この「頼政の配慮」は頼政当人も頼朝も「想定外」の幸運を呼んだ。それは、「蛭ヶ小島」のすぐ近くに妙齢《みょうれい》の娘北条政子のいた北条一族が住んでいたことだ。まさにこれは「天の配剤」としかいいようがない。

平治の乱で父をはじめとして家臣のほとんどを失った頼朝に、北条氏は一族を挙げて味方してくれたのだ。しかも、全国レベルでみても、この北条氏は後に北条時宗など優秀な人物を輩出したことでもわかるように、日本有数の一族であった。

明治維新のとき、西郷隆盛と大久保利通が、わずか数百メートルしか離れていないところで生まれたのに匹敵する、まさに奇跡である。

「三島暦」で知られる伊豆一の宮

頼朝がいかにして天下を取ったかについては、詳しく記する余裕がない。興味のある方は拙著『逆説の日本史⑤』(小学館刊)、『英傑の日本史　源平争乱編』(角川書店刊)を見ていただきたい。

しかし、後から歴史をみると、この伊豆国「蛭ヶ小島」に流されたことこそ(当人は流罪なのだからガックリしていただろうが)、人生最大の幸運だったとすらいえるのである。

戦国時代に入って、「戦国大名第一号」ともいうべき伊勢新九郎(北条早雲)も伊豆国乗っ取りからのし上がったが、源頼朝以後の「天下人」といえば、足利尊氏よりも織田信長だろう。

信長は、実はこの伊豆国一の宮である三嶋大社が発行していた「三島暦《みしまごよみ》」の大ファンであった。

当時、「カレンダーの発行元」は二つあって、ひとつは京の「京暦《きょうごよみ》」の土御門《つちみかど》家、そしてもう一つが三嶋大社の河合家が発行していた「三島暦」であった。

「三島暦」は仮名書きのわかりやすいものであった。当時の暦（太陰太陽暦）では3年に1回ほど閏月《うるうづき》、つまり1年に13か月が必要で、これがある年を閏年といった。

ところが、天正10年から11年にかけて、どこに閏月を入れるべきかで、三島暦と京暦は対立していた。それに対し、「三島暦を優先せよ」と強力に朝廷に働きかけたのが信長である。その動機には「時を支配する者こそ真の王者である」という感覚があったのだろう。もっとも、この「ゴリ押し」は、本能寺の変で信長が倒れたために沙汰やみとなった。

戦国時代が実質的に終わったのは、慶長5年（1600）の関ヶ原の戦いだが、この戦いで豊臣家のために一番奮戦したのが、秀吉の猶子《ゆうし》（準養子）でもあった宇喜多秀家であった。ところが、西軍は敗れ、秀家は日本全国を逃げ回ったがついに捕らえられた。

しかし、夫人（豪姫）が加賀前田家の出身ということもあり、死一等を減ぜられて八丈島へ流罪となった。

そして、島で秀家は83歳の長寿を保ち、四代将軍徳川家綱の時代にこの世を去った。その子孫は江戸時代の間は流人の扱いであったが、明治になって赦免され、子孫の一部は東京に移住し、また島に残った者もいたという。

その伊豆諸島は温暖な気候で、今や観光地としてもてはやされている。

甲斐国

現在の山梨県全域に相当する。

海の無い内陸地で「ヤマナシではなく海無し」ではないかとよくいわれるところだが、この「ヤマナシ」とは、「山ならす」つまり甲府盆地の比較的平らな地域を表しているというのが有力説である。

このような経緯で、「山梨」とは律令制の下で甲斐国《かいのくに》山梨郡という郡の名であったのが、明治期に県名に昇格したものだ。それでは甲斐国の「甲斐」とは何かといえば、これはもともと「峡《かい》」、すなわち「山と山との間の狭い土地」という言葉に由来するようだ。まさに山国を象徴する名なのである。

この国の西半分は甲府盆地を中心とした昔から開けた土地だが、実はこの地を「国中《くになか》」と称するのに対し、東半分は「郡内」と呼ぶ。大月を中心とした富士山麓により近い一帯で、この国中

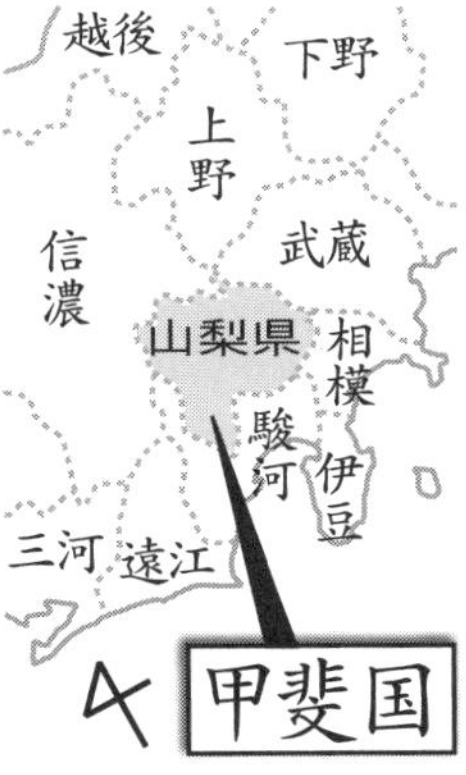

と郡内を二つに分けるのが、まるで国境のように南北につらなる山脈だ。

国中と郡内を往来するには、北から大菩薩峠、笹子峠《ささご》、御坂峠《みさか》といった峠を越えなければならない。したがって、同じ甲斐国といっても、方言も慣習も微妙に異なり、この「距離」がこの国の歴史に影響を与えることがある。

ところで、この甲斐国の中心地は、その名の通り「甲府」、つまり「甲斐府中」であると考えられがちだが、それは武田氏がこの地を支配してからで、それ以前は数か所を転々としていた。

国府ははじめ春日居町に置かれ、次に一宮町、御坂町（いずれも今の笛吹市）へ移転したらしい。国分寺や国分尼寺は一宮に置かれたようだ。

古代において甲斐国は、馬の産地として有名であった。この国から朝廷に献上される駿馬《しゅんめ》が「甲斐の黒駒」と呼ばれ、広く知られていた。『日本書紀』にも、この名はしばしば登場し、どうやら急使用の早馬として使われていたふしがある。

またこれは伝説だが、あの聖徳太子が自分の愛馬としたのも甲斐の黒駒であり、太子が数百頭の中から選んだ駿馬は太子を乗せると天高く駆け昇り、飛鳥から富士山を越えて信濃国（長野県）に至り、わずか3日でまた都へ帰還したという。

ずっと後世の江戸時代末期、清水次郎長のライバルとして有名な黒駒の勝蔵も、この国の八代郡黒駒村（現、笛吹市）出身であった。ただし、映画やドラマで描かれる「勝蔵像」は、かなり実像とは違ったものだ。

大親分だったことは本当だが、実は勝蔵は次郎長とのケンカの後も生き残り、池田勝馬と名を改め、官軍の赤報隊に参加しているのだ。

赤報隊は、草莽《そうもう》（在野）の志士相楽《さがら》総三によって結成され、官軍本隊の先鋒をつとめたが、後に「ニセ官軍」のレッテルを貼《は》られ、総三らが斬首された悲劇の一団である。

官軍は、赤報隊にテロ活動や宣伝工作を散々やらせた揚げ句、用済みになると切って捨てたのだ。

そして、勝蔵は散々利用された揚げ句、博徒《ばくと》時代の旧悪を咎められ刑死した。

ライバルの次郎長は生き残ったので、講談師らが勝蔵をことさらに「悪役化」したというわけである。最近は再評価の動きもある。

手にブドウをもつ珍しい薬師如来

ともあれ、山が深く荒地が多く、またその地形から洪水も多かったこの地では、あまり農業生産はふるわず、むしろ馬の産地として有名だったのだが、もう一つ古来、有名な特産物がある。

それは葡萄（ブドウ）である。

ブドウはシルクロードを伝わって日本にやってきたらしいが、なぜこの甲斐国までできたのかは不明である。

ただ、鎌倉時代初期という、極めて早い時期にこの地でブドウが栽培されていたことは、確実な史料によって確かめられる。その中心地が勝沼であった。

ブドウは水々しい実をつけるわりには、乾燥した荒地でも栽培できるという素晴らしい特質がある。日本全土の中でも、この勝沼の地が特別にブドウとの相性が良かったようだ。松尾芭蕉にも「勝沼や馬子もぶどうを食いながら」の句がある。

その勝沼にある大善寺《だいぜんじ》は、建物（薬師堂）が国宝で、本尊の薬師三尊像は国の重要文化財、そしてそれを納める厨子も国宝という、大変由緒ある古刹《こさつ》なのだが、この本尊薬師如来像は以前、右手にブドウを持っていた。

全国に国宝・重文クラスの薬師像は結構あるが、ブドウを持っていたのは、私の知る限りこの大善寺の本尊だけだ。現在は前立仏《ぜんりつぶつ》（秘私の本尊の前にあるレプリカ）が右手にブドウをもっている。

食べる物、特に加工食品で甲斐国の名物というと、あとは「ほうとう」と「アワビの煮貝《にがい》」が思い出されるが、煮貝はわりと新しく、江戸時代に冷凍技術も保存料もない中で貝（アワビ）を、海のある駿河国(静岡東部)から甲斐へ運ぶときに、しょうゆ漬にしたのがその起源である。最初は保存手段だったのだが、馬にゆられて運ばれてきたことで、絶妙の味のバランスが生まれたのである。

比較的新しい煮貝に対し、「ほうとう」は起源がわからないほど古い。小麦粉を練って作った平打ちの板状の麺《めん》で、一見するとウドンに似ているが、ウドンより平たく幅はずっと広い。

現在の山梨県でも広く食されており、山梨県人でこれを知らない人はいないだろう。なぜ、それほど普及したかといえば、特に郡内地方では土質が溶岩系で、水も冷たく米ができにくかったという事情がある。

この「ほうとう」の起源について、保存性の高い信玄味噌などと同じく、武田信玄が作らせたのだという説もあるが、どうやらこれは後になって附会された話らしく、「ほうとう」自体の起源は、もっと古いようだ。おそらく原形は中国から伝来したのだろう。

武田家ゆかりの雲峰寺が保存する「日の丸の旗」

ところで、山梨県人というより甲州人というべき人々は、決して信玄のことを呼び捨てにしない。「信玄公」、「信玄」さんである。信玄の居館であった躑躅ケ崎館《つつじがさき》の跡地には、今、武田神社が建立《こんりゅう》され信玄自身が祭神とされている。まさに甲州人にとって信玄、いや信玄公は神様なのだ。

武田氏は源氏の名門で、他にも数系統（安芸武田氏、若狭武田氏など）あるが、甲斐武田氏はその中でも有力な家柄である。

信玄の父信虎は、何かと評判の悪い人物だが、戦争・外交には傑出した手腕をもち、武田家を大発展させた。もともと、武田家は室町幕府から正式に任命された甲斐国守護だったが、名門の守護大名が次々に没落し、成り上がりの戦国大名に取って代わられる中で、武田家は守護大名から戦国大名へと「発展」した稀有《けう》な例である。

その、神宝ともいうべきものに「御旗《みはた》・楯無《たてなし》」がある。楯無は楯のいらないほどの頑丈な鎧《よろい》ということで、実はこれは今も甲州市内（旧塩山市）菅田天神社《かんだてん》に状態の良いまま保存されていて国宝となっている。

これに対し御旗とは、信玄一代の軍旗である「風林火山の旗」と勘違いしている人がいるが、そうではなく武田家の先祖が朝廷から下賜されたと伝えられている「日の丸の旗」である。いわゆる「日の丸（日章旗）」が、日本の正式な国旗となったのは幕末から明治にかけてだが、旗自体はずっと昔からあり、この「日の丸」もその一つである。ちなみに、かなり傷んではいるが、この旗も甲州市郊外の雲峰寺《うんぽうじ》という寺に保存公開されている。

篤志家だった武田信玄の足跡

「信玄公」がなぜ神様になったかといえば、やはり戦争に強く領土も増え財政が好転した結果、その財力で治水に力を入れたからだろう。「信玄堤《づつみ》」と呼ばれる堤防は、戦国時代の中でも高い技術水準を示すものだ。

水害に悩まされる地方では、収穫が一定しない。それどころか家族がその犠牲になることもある。ところが、信玄堤によってその心配はなくなり、枕を高くして眠れるし、耕地面積も増やすことができる。ということは、これまで「間引《まび》き」していた子供を増やすこともできる。

2008年、中国の四川省で大規模な地震が起こり、多数の犠牲者が出た原因の一つに、中国を支配する中国共産党が目先の経済発展を優先し、耐震性のある建物を造らせなかったことがあるのだろう。だから、共産党員の君臨する公官庁は比較的崩れず、住宅や学校が倒壊したという話も出てくる。また、これは仕方のないことかもしれないが、中国では「一人っ子政策」という人口抑制策も強制されている。

しかし、現代よりも400年以上前の政治家である信玄は、このちょうど逆をやったのだ。増えた税収をインフラ整備に注ぎ、その結果人口を増やす（子供をもう一人産める）ことが可能になった。だから、「神様」なのである。

信玄にはツキもあった。甲州金つまり空前のゴールドラッシュだ。ちょうど信玄の時代に、海外から優れた鉱山技術、採金法が伝えられたこともあって、大量の黄金が産出した。これが武田氏の全盛期を支えたのだ。

信玄といえば「隠し湯」という言葉も有名だ。戦の傷を癒やすために、自らも温泉を利用し兵にも勧めたという。これはどうやら本当らしい。山国であるがゆえ「温泉資源」が豊富だったのだ。ただし、JR中央線の駅名にもなっている石和《いさわ》温泉は、実は戦後の発見である。あるとき、果樹園の真ん中から突然湯が噴き出したというウソのようなホントの話で、あの大温泉ができた。これも甲斐国がいかに温泉に恵まれているかを示している。

ちなみに、この本はかつて存在した中世の『人国記』（作者不詳）の現代版であるが、オリジナルの『人国記』を最も愛読していたと伝えられる戦国武将も、武田信玄である。「風林火山」の原典は孫子《そんし》だが、孫子は人類史上初めて「情報戦略」の重要性を説いた軍略家だ。まさに信玄もそれを重視していたのだろう。

相模国

相州《そしゅう》（相模国《さがみのくに》）というと、私が想起するのは、山でもなければ川でもない。三つの「都（大都市）」で、それは古い順に鎌倉、小田原、横浜（厳密にいえば保土ケ谷《ほどがや》宿以北は武蔵国、戸塚宿以南が相模国）である。

明治以前の日本史で、最大の事件とは一体何だろうか？　有史以来初めての海外からの侵略「元寇」あたりも思い浮かぶが、やはり鎌倉幕府の成立が最大のものだろう。

それまで日本は、悠久の昔にこの国を統一した天皇家が、朝廷という政体で治めていた。後に朝廷の主体は公家という貴族にとって代わられたが、西日本を中心としたこの政権は古代より数百年にわたって、この国を支配していた。

朝廷にとって、関東以北つまり東日本は、未開の地であった。農耕を中心とする弥生人の「王」である天皇家に対し、東日本には狩猟、漁撈を中心とする、おそらくは縄文人と深いかかわりの

ある蝦夷《えぞ》（エミシ）という異民族がいた。ちなみに「蝦夷」とは「卑しい野蛮人」という意味で、明白な差別語だ。

しかし、朝廷はこの「野蛮人」を「征伐《せいばつ》」（本来は悪人を討つことで、これも差別的用法）し、彼らの土地を奪うために大規模な軍団を編成し、しばしば東国に送った。天皇から直々に任命される、この軍団の長のことを「征夷《せいい》大将軍（夷〈野蛮人〉を征伐する軍の長）」という。これが本来の意味で、平安時代の征夷大将軍は武士《さむらい》ではなく、朝廷の軍事官僚だった。政府の武官である役人のことだ。

このうち最も有名なのが、坂上田村麻呂である。田村麻呂が有名なのは、異民族の王アテルイに勝ったからだが、このアテルイもなかなか立派な人物で、田村麻呂は命を助けようとしたのだが、公家たちはさっさと処刑してしまった。

武家社会が成立していった経緯

そのような悲劇を経て、関東、東北は大和朝廷の支配するところとなり、多くの開拓民が中央から移住した。特に、都ではうだつの上がらない元皇族たち、つまり源氏や平氏が地方に下ると、その名声を慕って人々が集まり、大規模な開拓農場主となった。当然、彼らは土着した。どんな大農場でも都へ持ち帰ることはできないからだ。

また彼らには独特の気風があった。この辺は、ずっと時代は下るがアメリカの西部開拓時代とよく似ている。

開拓の主役カウボーイも元を正せば牧童《ぼくどう》（牛や馬を世話する人々）であって、戦士ではない。しかし開拓地という、中央政府の支配力が及ばないところでは、盗賊や先住民との戦いには自ら武器を取るしかない。また開拓者同士相互に助け合っていかねば生きてゆけない。こうした流れの中から武装した独立の気風をもった農民、すなわちサムライが生まれたのだ。

サムライとはもともと「さぶらふ（仕える）者」という蔑称《べっしょう》であった。しかし、彼らはそのうち軟弱な公家の支配する中央政府から独立したいと考えるようになった。

その最初の試みが平将門《まさかど》の乱（939年）であった。将門は「反乱者」とされたが、彼の望みは坂東《ばんどう》武士（東国武士）共通の望みでもあったので、関東では決して「悪」ではない。東京の神田明神も将門を祭神とした神社である。

その将門の「見果てぬ夢」を実現したのが、鎌倉幕府の祖である源頼朝だった。

頼朝は源氏の貴公子として京の都で育ったが、父義朝が平清盛との抗争に敗れたため、伊豆に流されることになった。だが、伊豆国のところでも述べたように、この大きな不運とみられたことが、彼の生涯を通してみると、大変な幸運であった。

彼はまず、京育ちなら決してわからなかった、地方武士の心を学び、彼らが何を望んでいるか（平氏は武士でありながら貴族化してそのことがわからなかった）を知った。いうまでもなくそれは「中央からの独立」である。そして伊豆で生涯の伴侶と、味方になってくれる一族を得た。北条政子と実家である北条氏だ。

武士の力はすでに公家を圧倒していた。平氏の政権ができたのもそのためだ。だが、彼らには今一つ武家政権の正しい在り方というものがわかっていなかった。頼朝はそれがわかっている。武士たちの平氏政権への不満が高まるにつれて、関東独立を夢見る武士たちの棟梁として頼朝は祭り上げられていく。

頼朝の基本構想はあくまで関東の中央からの独立であった。それをどういうシステムで可能にするか？　朝廷は当然そんなことを許すつもりはない。しかし朝廷の弱みは平安以降常備軍(国軍)を廃止してしまっており、独立武装集団である武家に対抗する手段がないということだ。

ここにおいて「幕府」という政治システムが考案された。

これは、武士のナンバーワンが朝廷から「征夷大将軍」に任命してもらい、その将軍が東国に常駐（本来は征伐が終われば帰る形が正しい）して、現地において軍政を敷く、というものだった。だから形の上では「独立」ではないのだが、実質的には東国の統治に関して白紙委任されるわけだから、独立したのと同じことになる。

ちなみに、その将軍の常駐する臨時前進基地のことを幕府という。幕は「天幕《テント》」だ。『三国志』などでおなじみの、戦いの際に臨時につくられるテント村のことなのである。

つまり「建前」としては、あくまで将軍のいる「前進基地」であり、実際には「東国独立国」の首府ということになる。その「首府」に日本最初に選ばれたのが鎌倉なのである。

軍事上優れていた鎌倉の地

なぜ鎌倉なのか、といえば当時はまだ西日本へは幕府の支配が及んでいなかったこともあるが、鎌倉は三方が山に囲まれ正面は海という、極めて攻めにくい要害の地であることが、最大の理由だろう。

要害ということは、交通が不便だということでもあり、平地が少ないということでもある。鎌倉には他の都市にはあまりみられない独特の言葉があるが、その一つが「切通《きりどお》し」だ。これは町への入り口をつくるために、山の間に溝のような形で道を切り開いたものだ。逆にこれは万一のときには、敵を迎え討つのに一番いい関門になる。

また「やぐら」というものがある。鎌倉では崖の腹の部分に横穴を掘ってその中に墓碑を建てたものをいう。平地が少ないので墓地に広い場所がとれないのだ。

なぜそんな不便をおしてまで、この地に本拠を置いたかといえば、できたばかりの軍事政権はまだ不安だったからだろう。防御第一ということだ。

もちろん、「首府」なりの権威づけもある。最大のものは鶴岡八幡宮と大仏だろう。八幡宮は当時何もなかった鎌倉に、いわば幕府政治の「神殿」として造営されたもので、頼朝自身も何か重要な決定を公表する場合は、自分の館ではなくここで行ったという。政治にはそうした「装飾」が必要なのである。

一方、大仏はいつ何のために造られたのか、今一つわからない。しかし、平城京（奈良）の大仏が朝廷の加護を行う「西」のモニュメントであるのに対し、鎌倉の大仏は「東」でこれに対抗しているということだ。

幕府政治というシステムは、源氏が三代で滅んだ後も、北条氏が後を継ぎ、結局明治維新まで続いた。しかし、鎌倉が再び「首府」とされることはなかった。一体どうしてだろうか？

やはり、西日本をも制した後の幕府にとっては、鎌倉という都市は小さ過ぎたのだろう。足利氏は京都に幕府を置いたし、徳川氏は江戸に置いた。いずれも全国政権の首府としてふさわしい場所だ。しかし、京都はともかく江戸は、徳川氏が本拠を置くまで関東の大名でも「首府」にした家はない。これはなぜか？

鎌倉以後、関東の大都市といえば、江戸ではなく小田原であった。北条早雲以来五代の本拠となったところだ。この早雲の「北条氏」は、鎌倉の北条氏とは直接関係ない。早雲（元の名を「伊勢新九郎」といった）が北条氏の末裔に入り婿したという伝説もあるが、学者は区別するため後北条氏といっている。この後北条氏は江戸のある武蔵国も支配していたのに、なぜ首府は江戸に置かなかったのか？

これは次の武蔵国編で述べよう。

その江戸に本拠を置いた徳川幕府は、結局黒船来航という重大事件によって倒れることになった。黒船はなぜ日本を変えたのか？　強大なエンジン（蒸気機関）で動く巨大砲台だからだ。黒船ならどこの都市でも海上から艦砲射撃で破壊できる。欧米列強の軍事力の前に日本は丸裸にされた。このことに気づいたから日本は変わったのである。

ペリーは日本の開国を要求した。開国とは具体的には開港に他ならない。しかし、そんな物騒な船を将軍お膝元の江戸港に入れるわけにはいかない。そこで、幕府は最初は神奈川（当時は村の名）を、次に横浜を開港場に指定した。「横」浜という字面でもわかるように、幕府の意識としては「脇に追いやった」という感じだろう。しかし、そのお陰でもともと天然の良港であった横浜は大発展し、ついには西洋文明の窓口となって江戸幕府を滅亡へと導くのである。

武蔵国

武蔵国《むさしのくに》、武州《ぶしゅう》というと、関西以西の人々は東京都のイメージが強いかもしれないが、実は埼玉県の大部分と神奈川県の一部も含む、広大な領域を指す。

誤解を招く表現かもしれないが、昔の都の人々から見れば武蔵国は、江戸時代の人間の北海道（蝦夷地）であったろう。すなわち、「辺境の広大な開拓地」ということだ。

大和《やまと》朝廷（中央）の目からみた「開拓」とは、田畑を作って主に米が収穫できるようにすることだ。後に、土地の生産高が石高《こくだか》つまり米の生産高で示されたように、国家の税収とはすなわち「米」であったから、稲作ができる土地は国（大和朝廷）の土地になる。大和朝廷が津軽海峡を渡って蝦夷地に侵入しなかったのは、米が収穫できなかったからだろう。

だが、武蔵には早くから大和朝廷の手が入った。それも、西日本に比べて寒冷で稲作が難しいということもあったのだろう、大和朝廷は新羅《しらぎ》や百済《くだら》からの移住者に、この地を与え開拓させた。

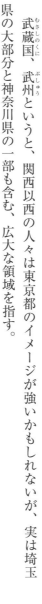

特に埼玉県に多い高麗《こま》神社は、その名の通り朝鮮半島からこの地に入った人々の先祖を祀ったものだ。

日本の最も古い年号の一つに「和銅《わどう》」があるが、これも武蔵国秩父《ちちぶ》郡から日本で初めて銅が産出したことを記念して定められたものだ。

将門の乱が失敗に終わった理由

開拓地というのはどこでも似たようなイメージがあるものだが、武蔵国とアメリカの西部開拓地が似ているのは、まず人々が馬をよく使っていたこと。そして「自分の身は自分で守るという気概」があったことだろう。

開拓地はどこでも中央から遠く離れているものだから、野盗や強盗が襲ってきたとき、「警察」を呼んでいる時間はない。武技を磨き、悪人に負けないように団結するしかないのだから。

牧童（牛や馬の世話をする人）が身を守る必要からガンマンになったように、武州の開拓農民も次第に武装農民と化していく。これが武士の起こりである。

そして、10世紀。中央で藤原氏が専横を極め政治が機能不全になったとき、「それならばいっそのこと独立してしまえ」と考えたのが、開拓武士団の長、平将門であった。

将門の乱は失敗した。

まず「武士」の力がまだ中央政権から独立するほど強くなかった。そして、「武士」自体も団結に欠けた。将門を倒したのは朝廷の命を受けた同じ「武士」の田原藤太秀郷《たわらのとうたひでさと》である。

また将門自身にも、独立してどんな形の政権をつくればいいのか、明確なビジョンがなかった。

将門は敗死した。田原藤太の放った矢が額を貫いたともいわれる。その首はおそらく都大路にさらされたはずだが、それが一晩で飛んでかえってきたという伝承がある。

人々は将門の遺体を本拠の常陸国《ひたちのくに》ではなく、この武蔵国の江戸に葬った。これが今も東京都千代田区大手町一丁目にある将門塚だ。

もともとここには将門を「神田明神」として祀った社があったが、後に徳川家康が江戸城をここに築き大手門を造ったので、今の社地に移転させられたと伝えられる。

だが、この塚ばかりは動かすとタタリがあるというので、今も近代的なビル街の真ん中に残されているのだ。

将門は中央からは大悪人、謀反人とされたが、とにもかくにも大勢の人間が彼のあとについて行き、その死後も神として崇《あが》めているのだから、やはり親分肌の立派な人物であったのだろう。

その人柄をさぐるヒントが、おなじみの『人国記』にある。


武蔵の国の風俗、闊達《かったつ》にして気広し。譬へば秘蔵の道具を過ちによって損ずる時は、その者の恐れ哀《かな》しむは尤《もっと》もなるに、その主曾《しゅうかつ》て後悔の気色《きしょく》なくて、結句《けっく》それに恩を与へて、情けを深うする類の心なり。子細は秘蔵の器をたくみて割《さ》くべきやうなし。吾《われ》も人も過ちするは無念なりといへども、咎むるはまた此方《こなた》の誤りなりと思案して、名人の風俗なり。

これはこういう意味だ。武蔵国の「親分」は、部下が家宝の皿を割ったとしても咎めない。むしろ「気にするな、ミスは今度取り返せばいい」というタイプだというのだ。それを『人国記』の作者は「名人」と呼んでいる。将門は常陸国の出身だが、同じ坂東《ばんどう》八か国のうちであり、気質はよく似ている。まさに将門はこの「名人」であったのだろう。また何事にもさっぱりして潔い性格だとも指摘されている。

なぜ源氏は相模国を拠点にしたのか

この将門の夢を250年経ってかなえた男がいる。

それが源頼朝だった。

頼朝はおそらく母の実家である尾張国の熱田神宮大宮司家で生まれて、都にいた父義朝のもとに引き取られた。しかし、平治の乱（1159年）で源氏が没落すると、東国に流されて関東武士の生き様を学んだ。そして立ち上がった。

将門のときと違っていたのは、この時代の武士は武装農民として国家の生産を担っていると共に、軍事権もすべて握っていたことだ。

それにもかかわらず、正式な土地所有者にはなれず、「参政権」もなかった。その不満をよく学んだ頼朝は、「武士が正式な土地所有者になれる世の中にしよう」と、中央に反旗を翻《ひるがえ》したのである。

このため武士たちは、こぞって頼朝に味方した。本来なら「流罪人」で一人の家来もいなかっ

それを最も明確に語るのが江戸中期に出現した佐倉宗吾《そうご》（惣五郎）の存在である。

下総国印旛郡の名主総代であった宗吾（本名木内）は、年貢の減免を求めて土地の領主堀田正信に訴えたが受け入れられず、ついに将軍にまで直訴した。その結果、訴えは受け入れられたものの宗吾は妻とともにハリツケ、4人の息子もすべて処刑されたという。

だが、宗吾はタタリをなし、領主の堀田正信は精神に異常をきたしたとも伝えられる。そのタタリを鎮めるために、そしてその英雄的行為を顕彰するために宗吾霊堂が建立された。全国で義民を祀った神社はいくつかあるが、仏教形式を取り入れたところは珍しい。これもタタリのせいだろうか。

下総国があまり耕作に適していないため、明治になって政府はここに広大な牧場を開いた。下総牧場である。後に宮内省（当時）の御料牧場となったが、戦後は農地改革で農業が再び行われるようになった。しかし農民が苦労して土地の生産性を高めたところで、このあたり（三里塚という）が成田空港の建設地に指定され、農民の不満が爆発した。

歴史を無視すると痛い目にあうという貴重な教訓であろう。

安房国

安房国、「あわのくに」というと同じ発音の「阿波国」（徳島県）があるが、こちらは四国ではなく千葉県の最南部、今でいう房総半島の最南部である。

そもそも「房総」という地名が、総州（上総・下総）と房州（安房）を組み合わせたものなのである。

こうした地縁的関係から、安房国は上総国の一部であったこともある。しかし、上総国と安房国を分けたのは、上総と安房の間に人々の往来を妨げる山並みが広がっていたからである。この東西を走り天然の国境線になっている山並みを、その東端にある山の名を取って、清澄《きよすみ》山脈という。

清澄山自体も歴史に名を残す名山だがそれは後で触れるとして、ここでは清澄山と反対の西端にあり、東京湾（浦賀水道）を見下ろす鋸山《のこぎりやま》に触れておこう。

砂質凝灰岩からなるこの山は、天然の侵食によってノコギリの歯を立てたような形であるため、こう呼ばれた。

標高は約330メートルとそれほどでもないが、周りが平地であるのと鋭い断崖絶壁があるため、極めて高い山に見える。そして頂上からの眺めは、浦賀水道が一望のもとにあって大変素晴らしい。

中腹には奈良時代の行基《ぎょうき》が開創したという日本寺《にほんじ》があるが、日本寺の名物は頂上にある石仏群である。千五百羅漢《せんごひゃくらかん》の他に日本最大級の石仏（薬師如来、像高31メートル）がある。ふもとからはロープウェイもあるので、石仏ファンは一度は訪れるべき名所といえよう。

日蓮聖人が日蓮宗を開いた地

一方、清澄山も標高377メートルでありながら、広葉樹の原生林があり、自然に恵まれた山である。

頂上には清澄寺があり、この寺で日蓮が出家し日蓮宗を開宗した由緒ある場所だ。日蓮は鎌倉時代の貞応《じょうおう》元年（1222）、安房国の片海という海に面した小さな村（天津小湊《あまつこみなと》〈現在の鴨川市〉）で生まれた。おそらく漁師の息子であった日蓮は12歳になると清澄寺に入って出家した。

当時、清澄寺は天台宗（現在は日蓮宗）の寺であり、ここで蓮長《れんちょう》と名乗って、めきめきと頭角を現したが、年来の疑問を解決するため「本山」の比叡山延暦寺、そのライバルである高野山金剛峯寺（真言宗の本山）をめぐった。

年来の疑問とは、日本は仏教国であって、これほど仏教が盛んなのに、なぜ平和で安定した世の中にならないのか、というものであった。当時は磐石《ばんじゃく》を誇った鎌倉幕府の体制はゆらぎ始め、治安が乱れるなど社会不安が絶えない世の中であったのだ。

その疑問に対し、日蓮は「その原因は、今多くの人々が信じている仏教が、本当の正しい仏教ではないからだ」と結論づけたのである。

そこで32歳のとき再び故郷の清澄山に戻り、修行中についに悟りに達し、さしのぼる朝日に向かって「南無妙法蓮華経《なむみょうほうれんげきょう》」と唱えた。

これが日蓮宗の開宗であり、建長5年（1253）4月28日のことであった。

日蓮宗と他の宗教との相違

これには、どういう意味があるのか？

それはまず末法思想の影響について、触れなければなるまい。

末法思想とは、仏教の開祖釈迦《しゃか》の入滅《にゅうめつ》（死）後、2000年経つと、仏教の真の教えは消えてなくなるという、当時の日本人が固く信じていた「信仰」であった。

どうして「2000年」なのかはよくわからないが、仏教は「栄える者はいつか滅る」という立場を取るため、仏教自体もその例外ではないという考え方が生まれたのであろう。しかし、当時の人々にとって事態は深刻だ。

こうした状態を「末世《まっせ》」と呼んだが、人々は末世から逃れるために、新しい仏教を求めていた。この風潮に乗り、一世を風靡したのが浄土宗あるいは浄土真宗であった。法然が開祖の浄土宗、その弟子親鸞《しんらん》が開祖の浄土真宗（一向宗）の教えの内容を、ごく簡単にいってしまうと、この世（現世《げんせ》）での救いはあきらめ、来世《らいせ》にそれを求めるということだ。具体的にいえば次のようになる。

阿弥陀如来という仏がいて、その仏は自分を信仰する者は、死後に阿弥陀の支配する世界（極楽浄土）に生まれ変わらせるという誓願《せいがん》（本願《ほんがん》）を立てている。したがって、まずこの仏を信じ、来世に浄土へ生まれ変わることを目標にする。

つまり一度死んで生まれ変わるから、それは往生《おうじょう》（浄土に往って生まれる）ということになる。これまでなぜ「死」のことを「往生」というか疑問に思ったことはないだろうか。それはこれが理由なのだ。

そして浄土に往生すれば、真の仏である阿弥陀如来のご指導を受けられるわけだから、どんな凡人（普通の人間）でも悟りを開いて仏に成《な》ること、すなわち成仏《じょうぶつ》できる、ということになる。そこで今は死ぬことイコール「往生」であり「成仏」になってしまった。

では「阿弥陀への信仰」とひと口にいうが、具体的にどうすればいいか。それは「南無阿弥陀仏」すなわち「ナムアミダブツ」と唱えればいい。この意味は「私は阿弥陀如来に帰依《きえ》（信仰）します」であり、これを「念仏（仏を念じる）」と呼んだ。

とにかく、現世では悟るのは無理だから来世で、というのが法然・親鸞の教えなのである。

それに対して、日蓮は、そんなことをいっても極楽往生できる保証があるのか。またこの現世での幸福はどうなるのだ、と考えた。そして、むしろ念仏は捨てて、大乗仏教では最高の教典と考えられていた法華経《ほけきょう》に帰ればいい、と主張した。

ただし、「念仏側」は「ナムアミダブツ」と唱えればいいといっているのに、こちらは法華教を全部マスターしなさいとはいえない。そんな困難なことは誰もが嫌うからだ。

そこで日蓮は、法華経の力を得るためには、法華経の正式な言い方である妙法蓮華経つまり「お経のタイトル」を、唱えればいいということにした、のである。これが「南無妙法蓮華経（ナムミョーホーレンゲキョウ）」すなわち、「題目《だいもく》」（あるいは唱題《しょうだい》〈題目を唱《とな》える〉）である。

「念仏」と「題目」を未だに混同している人もいるが、本来は別のものだ。共通点はある。それは従来の厳しい修行を必要とした仏教を、ごく簡単なものにしたということだ。

しかし、大きな相違点が一つある。それは、「念仏を唱えれば往生できる」といったのは阿弥陀如来という仏だが、「題目を唱えれば救われる」といったのは日蓮という人間である、という点だ。

これでは「格落ち」になってしまう。そこで、日蓮は「ただの人」ではない。菩薩の「生まれ変わり」だ、という信仰が生まれた。つまり、日蓮宗においては日蓮自体が信仰の対象なのである。

だから、浄土宗は法然宗とはいわず、浄土真宗も親鸞宗といわず、曹洞宗も道元宗《どうげんしゅう》とはいわないのに、日蓮宗だけは日蓮宗という（法華宗という言い方もある）。

つまり日蓮は、日本の歴史の中でも極めて珍しい人物の一人なのである。

江戸の伝奇小説『八犬伝』の舞台

一方、安房でもう一つ有名なのが、日本史上最大の伝奇ロマンといえる曲亭馬琴の『南総里見八犬伝』の舞台となっていることだろう。

名犬八房《やつふさ》と里見家の姫「伏姫《ふせ》」の間に生まれた、八犬士が悪を相手に奮戦し、最後は里見家に帰って御家滅亡の危機を救うという物語である。

NHKの人形劇にもなったし、テレビドラマ化もされたから、ご存じの方も多いと思う。この物語はフィクションではあるが、戦国時代実際に安房国の支配者だった里見家をモデルにしている。

実際の歴史では、里見家は房総半島の支配権を賭けた北条家との国府台《こうのだい》の決戦に敗れ、安房一国に押し戻される形となったのだが、最終的には江戸時代初期まで大名として生き残った。上総と安房を隔てた天然の国境である山脈が、結果的に里見家の守りとなったのだろう。

決戦に勝った北条氏が関東の覇者となったのはいいが、そのために豊臣秀吉と対立し滅ぼされたことは、まさに皮肉というべきか。

八犬士は「仁、義、礼、智、忠、信、孝《こう》、悌《てい》」の、儒教の徳目を一字で表した水晶の玉をもっている。ちなみに、この順番は「馬琴流」で本当の優先順位は「孝」が第一である。孝とは親孝行のことではあるが、日本人のイメージするのとは大変違う。

中国に伝わる24の「孝」の物語、「二十四孝（カブキの『本朝廿四孝』はこれをヒントに作られた）」

には、「こんなの日本ではありえない」という「孝」の物語が次々と出てくる。

極めつきは郭巨《かくきょ》という男の「親孝行」の話だろう。あるとき、郭の老母が目に見えて痩せ衰えてきた。その原因は、郭の幼い子、すなわち老母にとっての孫に自分の食べ物を分け与えているからだとわかった。しかし、郭巨の家には食費を増やす余裕はない。そこで郭巨はどうしたか？

この問いに正解できる日本人は少ない。

実は郭巨は、孫すなわち自分の子を生き埋めにして殺そうとしたというのである。「自分の子を殺しても親は助ける」、これが「本物」の「親孝行」だ。子はまた「つくれる」が親は「つくれない」からである。

現代の「靖国問題」などにも、この日中双方の文化の違いが大きく影響している。この問題に興味のある方は、拙著『神道・仏教・儒教集中講義』（徳間書店）を見られたい。いずれにせよ、「同文同種」などというのは幻想に過ぎないのである。

常陸国

現代の茨城県全域とほぼ重なるのが常陸国《ひたちのくに》である。

古い国で、名山の筑波山《つくばさん》や新治《にいはり》などという地名は、『古事記』のヤマトタケル神話にも出てくる。

国名の「ひたち」の由来については、『常陸国風土記』にヤマトタケルが手を洗った際に衣の袖が水に「ひた」ったからだという説と、道が真っすぐ「直通」に続いているからだという説が併記されている。古来、健児《こんでい》（徴兵）の有力な拠点ともされた。それだけ国が大きかったということだ。


上総国の項で述べたように平安中頃には、常陸は上野・上総とならんで親王任国となった。

律令の規定では、中級貴族が国司となって現地に赴任する。たとえば阿波国なら「阿波守《あわのかみ》」と呼ばれ、副官が「阿波介《あわのすけ》」になる。ところがこの三か国に限っては、現地赴任しない親王（天皇の息子）が「守」でなく「大守《たいしゅ》」となるのが決まりであった。

筑波山と連歌にまつわる神話

この常陸国を代表する名山が筑波山である。この山は実は標高876メートルしかなく、富士山(3776メートル)に比べればはるかに低いのだが、あたりが平野で他に高い山がないこともあってか、古くから親しまれた。

そういえば男体山《なんたいさん》(西峰)と女体山(東峰)と二つのピークがあることも、富士山とは対象的だ。『常陸国風土記』にはこういう伝説がある。

昔、ある神があちこちの神をお訪ねになったとき、旅の途中に富士山のふもとで日が暮れてしまった。途方にくれて神が一晩泊めてほしいと頼んだところ、富士の神は「祭りで忙しい」とあっさり拒否した。

そこで神は近くの筑波山の神に頼んだところ、「祭りで忙しいが、お泊めします」と引き受けてくれた。喜んだ神は「筑波山は今後絶ゆることなく、人の出入りが続くだろう」という祝歌を詠んだ。そのために筑波山は人が足繁く登る山となり、富士山は訪れる人も少ない雪の山になったというのだ。

確かに、この地は男女川《みなの》という川もあり、筑波山神社に男女一対の神が祀られていることもあり、古くから生を謳歌《おうか》する山である。

筑波山の嬥歌《かがい》といえば、一般にいう歌垣《うたがき》であった。歌垣とは、未婚の男女が集まり、歌を詠み情を交わすもので、フリーセックスのパーティーでもある。

明国の人であった舜水は、母国がヌルハチの清国に滅ぼされたために、日本へ亡命してきていたのだ。その先生があるとき、手作りで弟子の光圀にふるまったのが、もとは中華料理のラーメンであったというわけだ。

さて、常陸国で筑波山と並んで忘れてはいけない自然に、霞ヶ浦がある。古くは「内の海」などと呼ばれたこの湖は、その名の通り昔は海とつながっていたが、徳川家康が江戸を洪水から守るために利根川が注ぎ込むよう流路を変えたため、土砂の堆積によって淡水湖となった。

戦時中は予科練《よかれん》（海軍飛行予科練習生）の訓練場だった。「赤い血潮の予科練の――」で始まる、西条八十《やそ》作詞の「予科練の歌（若鷲の歌）」には「霞ヶ浦」が出てくる。もとはここは海軍の航空隊基地であり、昭和4年（1929）にドイツのツェッペリン号（飛行船）が、昭和6年（1931）には北太平洋の航路調査中のアメリカのリンドバーグ大佐が、水上飛行機「シリウス号」で立ち寄ったことは、あまり知られていない。

第三章

東山道

近江国　上野国
美濃国　下野国
飛驒国　出羽国
信濃国　陸奥国

近江国

近江国《おうみのくに》は現在の滋賀県全域にあたる。「湖国《ここく》」とも呼ばれ、琵琶湖を中心とした国でもある。そもそも近江という国名も「淡海《あわうみ》（淡水湖）」がなまったものだ。それに「近江」という字を当てたのは、「都の近くにある湖国」ということで、それに対するのが浜名湖がある遠江国《とおとうみのくに》（静岡県西部）ということになる。

現在の浜名湖は汽水湖（海とつながっている湖）で淡水ではないが、これは室町時代の大津波によって海とつながったもので、もともとは「淡海」だったのである。

近江は日本の先進地帯である。

日本海側の国々のように、かつて中国大陸・朝鮮半島との交流が盛んであった頃は、近江は重要な交通路であった。昔は蒸気機関もガソリンエンジンもないから、大きな荷物も大量の人員も水路で運ぶのが最も有効であった。

おそらく朝鮮半島から越前や若狭《わかさ》（共に福井県）を通り、琵琶湖の水運に頼って飛鳥《あすか》・奈良方面へ向かうルートがあっただろう。大津（原義は大きな港）という町が内陸にひょこんとあるのも、それを示している。ちなみに琵琶湖をそう呼ぶのは、全体の形が琵琶に似ているからだ。

この地はいわゆる「渡来人」の聖地でもあったらしい。

日本は7世紀に百済《くだら》救援のために半島へ出兵したことがある。白村江《はくすきえ》の戦いである。しかし、戦いには負けた。百済は完全に滅亡し、日本軍は命からがら逃げ帰った。この時、多くの百済人が日本に亡命した。その一人が百済王族の鬼室集斯《きしつしゅうし》であり、集斯の墓は今も蒲生《がもう》郡日野町にある。

そして同じ蒲生郡の蒲生町（現、東近江市）には石塔《いしどう》という集落があり、その中核になっているのが石塔寺という、まさに巨大な三重石塔が中心に鎮座する寺である。この石塔は明らかに朝鮮式であり、このあたりに多数居住した亡命百済人の建立《こんりゅう》ではないかと推定される。

朝鮮半島の情勢と関係する大津宮

しかし、都に近いとはいえ、近江国は「畿《き》（王者の住む地）」ではなかった。それは大和国（奈良県）か摂津国（大阪府北部）あたりで、飛鳥時代は難波《なにわ》（大阪）に都が置かれることはあっても山背国（京都府）や近江は「都の外側」だったのだ。ところがただ一度だけ、都がこの大津に置かれたことがある。

近江京ともいわれる、この大津宮は、白村江の敗戦によって生まれた。朝鮮半島は唐・新羅《しらぎ》連合軍によって制圧された。となると、勢いに乗った彼らは、日本にも攻めてくるかもしれない。日本は百済に味方して彼らと戦ったのだから、彼らにとってはまぎれもなく敵である。攻めてきても何の不思議もない。

この恐怖が、都を飛鳥や難波から一山も二山も越したところにある大津に、遷《うつ》さしめたのである。当時、朝廷は中大兄皇子《なかのおおえのおうじ》が即位して天智天皇となったが、この天皇ほど大陸・朝鮮半島からの侵略を恐れた帝王はいない。天智は亡命百済人を多数登用して、全国に防備施設を造らせた。

九州大宰府には水城《みずき》という堀を利用した防衛線を、そして各地に朝鮮式山城を築いて万一に備えた。岡山県の「鬼の城《きじょう》」などはこの時に造られたものだろう。その上、都を内陸の大津に遷した。ここなら攻めにくいし、万一の場合は琵琶湖を利用して、東国へ逃げることも可能だからだ。

日本がこの危機を最終的にどう乗り越えたか興味ある方は拙著『逆説の日本史②』を読んでいただきたいが、ひと言でいってしまえばこれを乗り越えるために壬申の乱という、国内最大の内乱が必要だったのだ。

そして、その結果、大海人皇子《おおあまのみこ》（即位して天武天皇）が勝ち、天智の息子大友皇子は近江京と共に滅ぼされる。こうして、いったん政権は飛鳥・奈良の地に帰るが、百年ほど後に再び天智の血を引く桓武《かんむ》が天皇になった時、彼は都をそれまで渡来人秦氏《はたうじ》の本拠地でしかなかった山背国へ移すのである。

山背というのは、もちろん奈良側から見て「山の向こう」ということだが、都をこちらに遷したので「山城」と改めたのだ。ちなみに天智天皇は、同時代の天皇にはまったく無視されていた、山城と近江の中間点の山科《やましな》に今も眠っている。

湖周辺は歴史ある古社寺が多い

桓武は怨霊《おんりょう》を恐れた天皇であった。皇太子にしていた弟の早良《さわら》親王に散々祟《たた》られたからだ。初め遷都しようとした長岡京を捨てたのも、そのためだと私は考えている。

その桓武が「帝都」を守るために施した装置こそ、当時最新の仏教であった最澄の天台宗と空海の真言宗であった。

空海は都の中に東寺を建てたが、最澄は都にとって最も危険な鬼門、つまり丑寅《うしとら》（北東）の方角に寺を建てた。これが現在の比叡山延暦寺である。都の鬼門の守りであることから、比叡山は山城国に属していると思っている人が多いが、実は近江国の寺なのだ。

この延暦寺の存在があって、近江はまさに天台宗の金城湯池となった。そして、山上から山裾にかけて多数の天台寺院が造られ、それは湖の対岸の湖東地方にも及んだ。金剛輪寺、西明《さいみょう》寺、百済《ひゃくさい》寺の湖東三山がそれだ。

百済寺は聖徳太子が師の恵慈法師を招くために建立し、後に天台宗に転じたと伝えられる寺で、このあたりの渡来人との関係の深さを感じさせる。

一方、神社の方も負けてはいない。

湖に浮かぶ竹生《ちくぶ》島には古くから都久夫須麻《つくぶすま》神社がある。現在の本殿（桃山時代）も国宝だが、おそらくこの島は神の住む島として古代から信仰されていたのだろう。また、島には水の神、弁天《べんてん》を祀る宝厳寺《ほうごんじ》（真言宗）もある。

竹生島の他にも、アマテラスの両親イザナギ・イザナミを祀る多賀大社（多賀町）があるが、忘れてはならないのは佐々木源氏の氏神を祀る沙沙貴神社（安土町）だろう。

鎌倉時代、佐々木盛綱、高綱らが源頼朝を助けて幕府の成立に貢献した。室町時代初期の有名な「バサラ者」佐々木道誉《どうよ》もこの氏の出身である。その後は「六角」と「京極」の二家に分かれた。

この六角氏および比叡山延暦寺と鋭く対立したのが、織田信長である。

多くの人々が誤解しているが、信長が比叡山を焼き討ちしたのは「宗教ぎらい」のためではない。信長の推進する楽市、楽座、つまり自由経済政策を、座すなわちカルテルの頂点に立つ延暦寺が散々妨害したからだ。

「関所の廃止」も信長の重要な政策だったが、様々な場所に関所を設け関銭（通行料）を取ることによって教団を維持していた延暦寺にとって、信長はまさに「仏敵」であったのだ。

もっとも、その信長の焼き討ちのために、比叡山のみならず、近江の多くの寺々から貴重な文化財が失われたのも事実だ。今でもこのあたりでは、信長の焼き討ちから「避難」させたという来歴のある仏像が多い。

「近江商人」が誕生した背景

それはともかく、新時代を築いた信長が、まず本拠として考えたのもこの近江の地であった。信長は政治の力によって安土という都を造り、巨大な城を建てた。信長は最終的には、海に面した大坂に進出したかったのだ。

当時はまだその地に本願寺（石山本願寺）が頑張っており、北は最後の脅威ともいうべき上杉謙信が健在だったので、とりあえず安土に暫定的な本拠を置いたのである。

そうした経済に重点を置く政権が、近江を本拠にしたことで、これまで日の当たらなかった人々が活躍の場を与えられた。

石田三成、増田《ました》長盛といった、後に豊臣政権で五奉行をつとめた人々だが、彼らは日本全体の中でみても極めて優秀な経済官僚だった。驚くべきことに、近代の簿記《ぼき》のようなものを既に用いているのである。これは、この地が古くから開けていたことと無関係ではないはずだ。

三成は軍人というよりは官僚だった。だから関ヶ原では勝てなかった。もし三成が勝っていたら、豊臣秀頼の母淀殿（淀君）が北近江の大名浅井長政《あざいながまさ》の娘であったこともあり、政権内に大々的に近江人が登用されただろう。

しかし、江戸幕府は朱子学を取り入れ、士農工商の身分制度を敷き、商業蔑視政策をとった。そのために近江人の商才は、官ではなく民の立場で大きく発揮されることになった。

近江商人の誕生である。

近江商人は俗に「てんびん秤一本を元手にする」といわれており、文字通り規模の小さな行商から爪に火をともすような形で金を貯め、巨富を築いていったのである。

その商人の国「近江」を、江戸時代押さえていたのは、徳川四天王の一つ、井伊家であった。井伊家は家康の命令で武田の軍法を取り入れ、鎧カブトを赤で統一した。

戦国時代は手柄を主君に認めてもらうために各人が思い思いの、極めて目立つ服装をしていたのが、武田家では戦国武将の中で初めてユニホームを統一したのである。この方がずっと強く見えて団結効果も高い。これを取り入れたのが「井伊の赤揃え」だ。

このように、家康が都から山一つ越えただけの近江の彦根に井伊家を置いたのは、万一の際、都を守り敵の手に天皇が奪われることを懸念したためとみられる。

しかし、歴史は皮肉だ。その商業蔑視政権の中核である井伊家の中から、日本を開国し諸外国と通商条約を結んだ男が出た。大老井伊直弼《なおすけ》である。

直弼についてはは弁護論もあるが、私はやはり多くの有為の士を処刑（安政の大獄）したことがどうしても引っかかる。「開国の恩人」というほどではあるまい。

江戸時代、近江国内で最も栄えていた彦根は、明治になって県都にもなれず割を食った。人ばかりでなく町も栄枯盛衰がある。

美濃国

現在の岐阜県の大部分を占める美濃国《みののくに》は、古くは「三野」と書いた。大和朝廷成立直後から支配はこの地方に及んでいたらしく、南美濃の円満寺《えんまんじ》山は、尾張地方との流通の大動脈である揖斐《いび》川が近くを流れる地で、巨大な前方後円墳があってこの地に大和朝廷系の支配者が早くからいたことを示している。

そして、その深いつながりがはっきりと示されたのが、６７２年の壬申の乱であった。天智天皇の息子大友皇子と、天智の弟である大海人皇子が、皇位継承をめぐって戦ったのが、この古代史上最大の内乱である壬申の乱だ。

ここでは、勝者である大海人皇子（天武天皇）の勝利の原因の一つに、美濃勢が味方したことを挙げておこう。ちなみに両者が激突したのは、実はこの美濃国の関ヶ原なのだ。

関ヶ原といえば、慶長５年（１６００）に起きた「天下分け目の戦い」は有名だが、それより

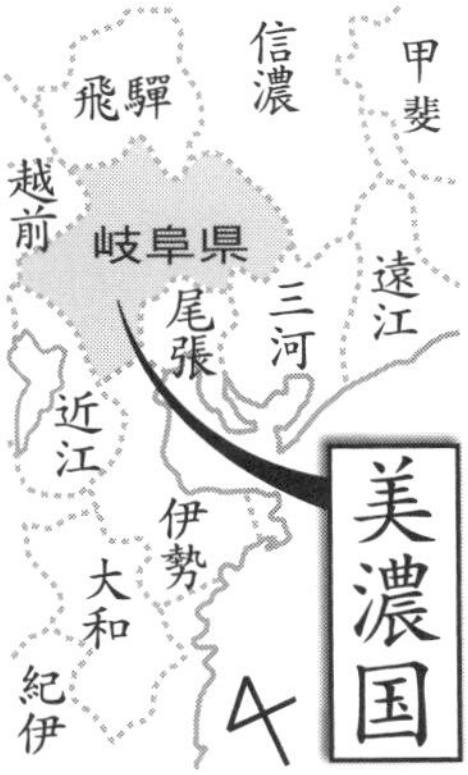

900年以上も前に、天下分け目の戦いがここで行われていたのだ。関ヶ原周辺には敗者の大友皇子が自害した場所とか、戦死した人々の血が川を黒く染めた場所などが、言い伝えられている。

ところで、当時まだ「関ヶ原」という地名はなかった。ここに不破関《ふわのせき》という「国境検問所」が設けられて以降、「関のある原」という意味で関ヶ原と呼ばれるようになったのだ。

日本初の完備された成文法である大宝律令（701年）によって、不破関は設けられた。おそらくは壬申の乱の教訓もあったろう。

この地の兵力がみだりに中央とつながらないように、固関《こげん》という制度が設けられた。一種の戒厳令で天皇や朝廷が危険にさらされるとの判断があるとき、この関を封鎖し一切の通行を禁止するというものである。

後に東北の地に白河の関が設けられるが、それは平安時代初頭、桓武天皇が坂上田村麻呂などを征夷大将軍として派遣し、異民族である「蝦夷《えみし》」を北へ追い払ってからであって、それ以前はこの美濃国不破関が「あづま（東）」への入り口であった。「あづま」とは未開の地という意味である。

ちなみに現在も使う「関東」「関西」という言い方も、もとは「関より東」「関より西」という意味であって、当初はこの不破関が基準として意識されていたのだろう。

鎌倉幕府倒幕に至った経緯

平安中期以降、美濃国は清和源氏の人々によって開拓された。

その中でも特に抜きん出たのが土岐《とき》氏である。美濃国土岐郡に土着したので土岐氏というのだが、その中で今に伝わるツワモノは土岐頼遠《よりとお》、頼兼の兄弟であろう。共に美濃守護の土岐頼貞の子で、頼遠が六男、頼兼が十男であった。だが、先に死んだのは弟の頼兼の方だった。

守護というのは鎌倉幕府の役職で、有力な御家人《ごけにん》（鎌倉幕府直属の武士）が任じられたことはご存じだと思う。

初めは源頼朝の直系の子孫が将軍となっていたものの、直系は三代で滅び、途中からは都から「飾り物」の宮将軍《みやしょうぐん》（実際には高級貴族の子弟）が擁立され、その下で「番頭」役に過ぎないはずの執権北条氏が力をもって、いわゆる得宗《とくそう》（北条本家）専制体制が出き上がっていた。

これが源氏の名門である、土岐や武田や足利《あしかが》といった氏の人々には面白くなかった。こちらの方が正統な源氏なのに、もとはといえば平氏の末端に過ぎない北条氏が威張り散らしている、という認識だ。

そういう不満が国中に鬱積《うっせき》しているところに、皇室では後醍醐天皇が出た。この人は大変血気の多い性格で、しかも、当時最新流行の思想であった朱子学（宋《そう》学）の信奉者でもあった。朱子学の特徴をひと言でいえば「誰が正統な君主か?」ということを、とことんまで突きつめる思想である。

後醍醐天皇は天皇こそこの国の正統な主権者であり、幕府などというものは倒すべきだと考えた。しかし、いくら天皇がそう考えても、武力をもっているのは武士なのだから、武士がその気にならなければ幕府は倒せない。

だが、この時代は「倒幕派」の武士が多数いたのである。後醍醐は側近の公家日野資朝《すけとも》を使って、土岐頼兼らに倒幕を説いた。そして、頼兼は後醍醐に味方して倒幕の兵を挙げることに同意した。

この計画は、同じく計画に参加していたイトコの土岐頼員《よりかず》の妻が、怖《お》じけづいて幕府に密告したために発覚し、幕府の兵に攻められ頼兼は敗死した。しかし、頼遠は足利尊氏に味方し、うまく倒幕を成功させた。

なぜ関ヶ原で戦いが起こるのか

いったん新政府(いわゆる建武の新政)が成立すると、後醍醐天皇と足利尊氏はまさに「同床異夢」であったことに気がついた。後醍醐は幕府政治(武家政権)そのものの廃止を望んでいたのに、尊氏は幕府を足利家の下で再建することを目的としていたからである。

こうして政権は、後醍醐派と尊氏派に分かれた。これが後に南北朝に発展していくのだが、この両派が最大の激突をしたのが青野原《あおのがはら》の戦いである。

この天下分け目の決戦が行われたのは、どこかご存じだろうか? もうおわかりかもしれない。これも実は関ヶ原なのである。

正確にいうと関ヶ原のやや東にあたるのだが、壬申の乱以来、天下分け目の決戦が三度もこの地で行われたのは決して偶然ではない。東の勢力と西の勢力が大合戦をするにふさわしい広い土地が、ちょうどこのあたりにあったからなのである。

この合戦を主張したのが土岐頼遠であった。父から美濃国の守護職を継いでいた頼遠は、都に敵を入れるよりはここで迎え撃つべきだと主張した。おそらく、地の利を得た頼遠自身の手柄につながるとも考えたのだろう。

しかし、敵の後醍醐派の大将は公家出身ながら戦術の天才の北畠顕家《あきいえ》だった。しかもその率いる兵は奥州の猛者《もさ》たちだ。頼遠はそれでも大奮戦して味方の総崩れは防いだものの、一敗地にまみれた。

頼遠にとって幸いなことは敵の補給は十分でなく、せっかくの強兵集団も都を前にして引き揚げざるを得なかった。つまり戦いは室町幕府側の勝利に終わった。

この結果、後醍醐は都を捨てて吉野に逃れ、そこに新政権を樹立した。これが南朝だ。

一方、都では尊氏が後醍醐と対立していた皇族の一派をかつぎ上げ、天皇の位につけた。これが北朝である。いわば室町幕府によってつくられた傀儡《かいらい》政権であった。

自分たちで「北朝」をつくったものの、まさにそうであったがゆえに、室町幕府の有力者たちは「北朝はニセモノ」と考えていた。だから尊敬する気持ちはなかった。

その気持ちが一番強かったのが、この土岐頼遠なのである。頼遠はある日とんでもない無礼を働いた。

北朝第一代の光厳《こうごん》天皇が引退して上皇となり、あるとき町で牛車《ぎっしゃ》に乗っていた。そこへ通りかかったのが笠懸《かさかけ》という武芸（笠をマトにして矢を射る）を楽しんだ帰りの頼遠であった。

今でいえばゴルフ帰りというところか。酒が入っていたようだ。頼遠は、院（上皇）の従者に「院の御行列であるぞ」と無礼を咎められると、「何、イン？　インとはイヌのことか」とうそぶいて「イヌなら射てしまえ」と、上皇の行列に向かって矢を射かけたのである。

さすがにこの無礼は幕府の耳に入り、いくら何でもしめしがつかないと、幕府は頼遠を捕らえて斬首という極刑に処したのである。

斎藤道三の国盗り物語の新事実

戦国時代に入っても、美濃国は土岐氏の支配に服していたが、ここへとんでもない男が入ってきた。『国盗り物語』（司馬遼太郎）の主人公斎藤道三である。道三はもともとは斎藤氏でなく西村姓だった。それが京から美濃にやってきて、土岐氏の守護代（副守護）をつとめていた、斎藤家を乗っ取って道三となったのである。

ただ、道三は若い頃京の日蓮宗の名刹である妙覚寺の僧であったことに昔からなっており、それが還俗《げんぞく》して油商人になった後、美濃に入って武家奉公して立身したと伝えられている。『国盗り物語』でもそうなっているが、実は最近発見された文書で、僧侶上がりで油商人だった男は道三の父だとわかった。つまり一代ではなく二代の「国盗り」であったことが判明した。やはり身分がやかましく問われた昔では、「一代で国主」というわけにはいかなかったようだ。

ところで、美濃といえば「関の孫六」などで知られる刀工「美濃鍛冶《かじ》」が有名だ。日本の刀工の流派は、大きく分けて五つ（五カ伝）とされる（「山城」「大和」「備前」「相州」「美濃」）。この中に美濃が入っているのだ。

「関の孫六」というのは俗称で、美濃国の住人、孫六兼元というのが正しい。孫六兼元の鍛えた刀は、石の地蔵を真っ二つに斬るほどの威力だったという。

また、美濃といえば古代からの紙の産地としても有名だ。「美濃紙」は正倉院文書の紙としても使われており、他の地方のものより優れていると当時から定評があった。

中世になると土岐氏が製紙業を手厚く保護したため、美濃紙の評判はますます高まり、戦国時代、ポルトガル人宣教師が編集した『日葡《にっぽ》辞書』にも「美濃紙」の項目があるという。それ以後江戸期を通じて美濃紙は、日本有数の紙として高く評価されていた。

飛驒国

北を越中、東を信濃、南を美濃、西を加賀と越前に囲まれた山国、それが飛驒である。

山の中にもかかわらず古くから開けた土地であったことは、縄文前期の遺跡（西洞《にしほら》・糠《ぬか》塚）があることでも明らかだ。

以後、縄文後期、弥生、古墳時代と時は流れた。近畿にある形の古墳が築かれた年代をもって、その地方の大和朝廷への服属時期とするならば、飛驒国で最も古いのは5世紀半ばのものだ。

『日本書紀』の仁徳天皇条に、「両面宿儺《りょうめんすくな》」という怪物が飛驒国に巣食っていた、と書かれている。前後二つの顔をもち、左右の手に剣をもつばかりでなく、残り4本の手（合計6本になる）で弓矢を使って、人々を散々苦しめたという。そこで朝廷は、武振熊《たけふるくま》をつかわして、これを退治させた。

まさに飛驒におけるヤマタノオロチというわけだが、これは飛驒の地に大和朝廷に逆らう大勢力がいたということを暗示している。しかし、その文化はまるで残っていないので、どんなものだっ

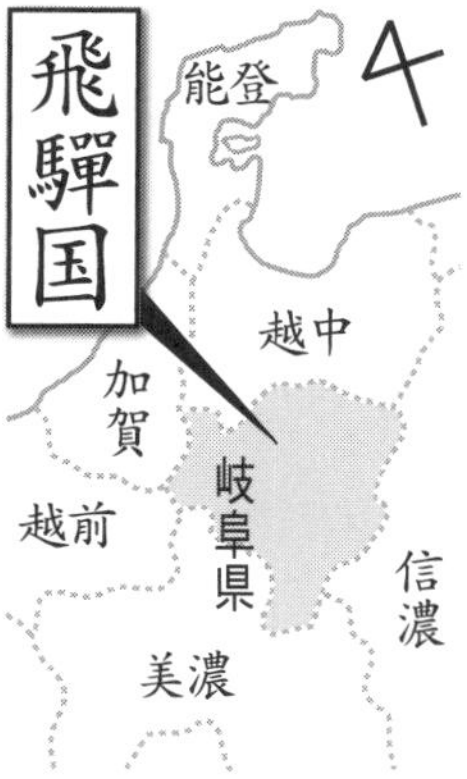

たかはわからない。

私の想像をいえば、古くから大陸ないし半島からきた人々が、ここに一種のコロニーを築いて住んでいたのではないか、と思う。もちろん、それとは逆に、日本の先住民である縄文民族の有力な居住地であったのかもしれない。

私は日本という国を、まず狩猟文化の原住民縄文人がいるところに、大陸・半島から第一次移民として青銅器と稲作をもった弥生人がやってきた。これがいわゆる出雲族で、そのあとに鉄器とさらに優秀な農業技術をもった弥生人がやってきた、これが天孫族《てんそんぞく》いわゆる大和朝廷の先祖だ――と思っている。

たとえばアメリカ合衆国という国も、最初アメリカ大陸（南北アメリカ）を発見したスペイン人が盛んに入植したが（その名残はサンフランシスコ、サンディエゴなどスペイン語の地名に見られる）、最終的に北側は後からきたイギリス・フランス系の人々が取った。こういうことが古代の日本に起こったとしても不思議はないと私は考えている。ただし、あくまで想像である。

すなわち、飛騨の人々はアメリカにたとえていえば「スペイン人（第一次入植者）」か「ネイティブアメリカン（アメリカ先住民）」、どちらかであることになる。

そして、私はどちらかといえば飛騨人は「スペイン人」の方だと思うのは、飛騨人たちが「飛騨工（ひだのたくみ）」と呼ばれ、大和朝廷に技術をもって仕えていたという事実があるからだ。

『今昔物語集』にも載せられた技術国家

『今昔物語集《こんじゃく》』に、当時日本一の絵師であった百済河成《くだらのかわなり》という男が、建築の名人「飛騨工《ひだのたくみ》」と技を競う話が載っている。

ある時、河成は工の招待を受けた。実は河成は何か謀《たくら》みがあるに違いないと用心していたので最初は誘いを受けなかったが、たび重なる丁重な招きにしぶしぶ出かけた。

行ってみると、工は一間（約1・8メートル）四方の小さな御堂にいた。四面の戸は皆はねあげられていて、工の姿はまる見えだった。

工が「おいでなさい」というので河成が上って入ろうとすると、その戸がばたんと降りて閉まってしまう。ではと、他の側から入ろうとすると、今度はそこが閉まって先程閉まった戸が開いた。

河成はなんとか中に入ろうとするが、入ろうとするたびに目前の戸は閉まり別のところが開く。結局ぐるぐる回るだけで入ることができず、工は大声で笑い出した。

帰った河成は口惜しくて仕方がない。今度は仕返しをしてやろうと、数日たって工に招待状を出した。工も用心したが、出かけないわけにはいかない。

そこで河成のいる京に行き、乞《こ》われるままに部屋に入ると、なんと腐りかけの死人が横たわっていた。工は仰天して逃げ出そうとすると、今度は河成の笑い声が聞こえた。死体は本物ではなく河成の描いた絵だったのである――。

「二人の者のわざ、かくなむありける。皆人誉《ほ》めけるとなむ、語り伝へたるとや」と『今昔物語集』

は結んでいるが、実は飛騨工というのは個人名ではない。

律令制度下において「租庸調」つまり「米（作物）と特産品（絹など）と労役」が国家の税として民に課せられていたが、飛騨国だけはこの庸調を免ぜられる代わりに、一定数（百人程度）の木工技術者を都に出仕させる義務があった。この技術者集団を総称して「飛騨工」と呼ぶのだ。だから、この河成と技を競った人物も（これが実話だとして）、飛騨工の一員「何某」という存在であったに違いないのである。

なぜ「庸調」ではなくて「木工技術者」なのか。それはこの飛騨国が『今昔物語集』にも載せられるほど著名な「技術国家」であったということだろう。

このエピソードが「伝説」だとしても「百済」河成と比べられていることは意味がある。日本の古代において多くの先進技術あるいは工芸が半島経由でやってきたことは、まぎれもない事実だ。「百済」とは朝鮮半島の一国であり、それを姓にするということは、ある意味で「外来技術の象徴」なのである。

この「百済」対「飛騨」が、「外来文化同士」の決戦なのか、それとも「外来文化」対「土着文化（たとえば縄文）」を意味したのか、今となってはよくわからないが、どちらのケースも有り得る。

「縄文」とは劣った文化だと思っている人も多いが、あの「三内丸山遺跡」の木工技術は極めて優れたものだ。こうした流れが飛騨に伝わっていたかもしれないのである。縄文はいわゆる「木と森の文化」なのだ。

極めて特異な合掌造りの民家

『新人国記』を見ると、

当国の風俗は、健直《けんちょく》にして愚《おろ》かなり。日本は広しといへども、我が国に如《し》くことなしと思ひ、他国の望みもなし。井の中《うち》の蛙《かわず》大海を知らざるがごとし。これ愚かなる所と謂《いッ》つべし。生得《しょうとく》は石鉄《せきてつ》の性《しょう》なり。

按ずるに当国は、東西南北皆《みな》山にて、谷間《たにあい》の民家なれば、人の心狭《せば》し。他に漏《も》るる気なき故、愚直《ぐちょく》なり。

意味はおわかりだと思うが、要するに「他国のことをろくに知らないのに、自分の国が日本で一番だと思っている」ということだ。だから「愚か」だという。頑固（石鉄）だともいう。だが愚直というのは正直でもあるということだ。

要するに、海や街道の交差点にある国々のように、すれからしで小狡《ずる》く立ち回るようなところはまったくないということでもある。

平安時代にこのあたりは、藤原摂関家によって荘園（白川荘）となった。白川といえば、合掌《がっしょう》造《づく》りで有名だ。世界文化遺産にも登録されている。

これは切妻型の大型家屋で、「二世代」どころか「三世代」以上にわたって住む「多世代住宅」だ。屋根は茅葺《かやぶ》きで積雪を防ぐため60度という急勾配になっている。3階ないし4階建てで、釘やカスガイを一切用いず荒縄を使って結合するという、極めて特異な構造である。

現在は、各所に散らばっていた合掌造りの民家を一か所に集め、「合掌造り民家園」としても公開されている。

小京都「高山」の近世の歴史

というわけで、鎌倉時代に入っても依然として荘園の力が強く、武士はなかなかこの地を領有できなかった。建武の新政によって後醍醐天皇が政権を取ると、中央の公家の姉小路《あねがこうじ》家が、ここへ入ってきた。

伊勢の北畠、土佐の一条と並んで飛騨の姉小路は、地方にあっても「公家」でその官位は中央並みということになっていた。

しかし、戦国時代に入ると伊勢の北畠は織田信長に、土佐の一条も長宗我部元親《ちょうそかべもとちか》に滅ぼされた。

そして、姉小路家も戦国大名として発展した地元の三木氏に滅ぼされ、その三木氏も隣国美濃を本拠地としていた織田信長に圧迫されて、ついに信長死後の天正13年（1585）、秀吉の命を受けた金森長近に滅ぼされた。

高山城を築いた金森氏は、この地方の領主としておよそ100年にわたって支配した。

この時代に、日本三大曳山《ひきやま》祭の一つ高山祭が始められたといわれている。

この山車《だし》には飛騨工の伝統が見事に生かされ、日光東照宮にちなんで「動く陽明門」などと呼ばれたほど華麗なものであった。

その金森氏が転封によって出羽国上山《かみのやま》に去ると、飛騨には大名が入らず、そのまま幕府の直轄地（天領）となった。その時、飛騨代官（後に郡代）として赴任してきた幕府の役人が常駐したのが、高山陣屋である。

高山城は廃城になり、便の良い平地にある、もと下屋敷がそのまま代官所（郡代屋敷）になったというわけだ。

この陣屋は今でも多くの部分がそのまま残っており、復元部分と合わせて一見の価値がある史跡だ。

もっとも、幕府の政治は他の天領と比べて、かなり質の悪いものだったらしく、明和８年（１７７１）からは大原騒動と呼ばれた大規模な一揆がなんと17年間も断続的に続いたという歴史がある。「愚直」な人々ほど一たん怒らせると怖いのかもしれない。

山深い場所であったがゆえに、他の地方では「保存」されなかった安国寺がある。安国寺は後醍醐天皇に反逆した足利尊氏が、天皇の菩提を弔うために全国に建てたものだが、ほぼ完全な形で残っているのはこの飛騨安国寺だけである。

奈良時代に全国に建てられた国分寺も、今は多くの国（県）で地名として名を残すだけだが、この飛騨には16世紀の再建ながら、残っている。

山国の長所と短所を併せもっているのが、飛騨という国の特徴かもしれない。

信濃国

信濃（信州）とは、現在の長野県だが、この地名はどういう意味だろうか？

「山国にて級坂《しなさか》あれば地の名となりけん（山国で坂が多いので地名となった）」と書いたのは国学者賀茂真淵である。また別説として信濃は「科野」であり、科《しな》の木（白樺のように樹皮が厚い木を指すらしい）が、あちこちに生えているから、というのもある（『長野県の歴史』塚田正朋著・山川出版社刊）。

いずれにせよ、山国で森林に囲まれた国の特徴をよく表しているといえそうだが、現代の長野県で「信濃」というイメージを代表するものがある。

それは県歌「信濃の国」である。

「信濃の国は十州に境つらぬる国にして」という歌い出しで始まり6番まであるこの歌を、歌えない長野県人はまず一人もいない。

そういうと、事情を知らない他県人は、ウソか誇張かと思うだろう。通常なら「県歌」などは知らないのが普通だからだ。実際、筆者は愛知県で生まれ中学の途中まで在住していたが、県歌があるのかどうかすら知らない。

「富山県民の歌」なら知っている。大学時代の先輩がコンパのたびに歌っていたので、耳にこびりついてしまったのだが、こうしたケースはむしろ例外だろう。東京都の「都歌」もあるが、〝一千万都民〟のうち何人がそれを知っているだろうか。

ところが、長野県人は全員それを知っている、といっても過言ではない。実はそこに「信濃国」および「信州人」の特性をとく鍵がある。

信濃の国

一．信濃の国は十州に　境連ぬる国にして
聳《そび》ゆる山はいや高く　流るる川はいや通し
松本伊那佐久善光寺　四つの平《たいら》は肥沃の地
海こそなけれ物《もの》さわに　万《よろ》ず足らわぬ事ぞなき

二．四方《よも》に聳ゆる山々は　御嶽乗鞍駒ヶ岳《おんたけのりくらこま》
浅間は殊《こと》に活火山　いずれも国の鎮《しず》めなり
流れ淀《よど》まずゆく水は　北に犀《さい》川千曲《ちくま》川
南に木曽川天竜川　これまた国の固《かた》めなり

三．木曽の谷には真木茂《まきしげ》り　諏訪《すわ》の湖《うみ》には魚多し
民のかせぎも豊かにて　五穀《ごこく》の実《みの》らぬ里やある
しかのみならず桑とりて　蚕飼《こが》いの業《わざ》の打ちひらけ
細きよすがも軽《かろ》からぬ　国の命《いのち》を繋《つな》ぐなり

「信濃の国」は学校で必ず教えられ、今でも県人会や同窓会では必須の歌となっているのだが、老いも若きも声をそろえて歌う光景は、最近よく中継されるメジャーリーグの試合で、7回裏に「ゴッド・ブレス・アメリカ（神はアメリカを祝福し賜う）」が歌われる光景とよく似ている。これは、あの「9・11テロ」の後に始まった習慣だが、それ以前でも7回裏は「私を野球に連れてって」が必ず歌われていた。

　歌というのは団結心を高める効果がある。あの「準国歌」ともいわれる「ゴッド・ブレス・アメリカ」は何を「主張」しているのか。それは「アメリカは常に正しい（だから神はそれを祝福する）」ということなのであ

四、尋《たず》ねまほしき園原《そのはら》や　旅のやどりの寝覚《ねざめ》の床《とこ》
木曽の桟《かけはし》かけし世も　心してゆけ久米路橋《くめじばし》
くる人多き筑摩《つかま》の湯　月の名にたつ姨捨山《おばすてやま》
しるき名所と風雅士《みやびお》が　詩歌《しいか》に詠《よみ》てぞ伝えたる

五、旭《あさひ》将軍義仲《よしなか》も　仁科《にしな》の五郎信盛《のぶもり》も
春台太宰《しゅんだいだざい》先生も　象山《ぞうざん》佐久間《さくま》先生も
皆此《こ》の国の人にして　文武《ぶんぶ》の誉《ほまれ》たぐいなく
山と聳えて世に仰ぎ　川と流れて名は尽《つき》ず

六、吾妻《あずま》はやとし日本武《やまとたけ》　嘆き給《たま》いし碓氷山《うすいやま》
穿《うが》つ隧道《トンネル》二十六　夢にもこゆる汽車の道
みち一筋《ひとすじ》に学びなば　昔の人にや劣るべき
古来《こらい》山河《さんが》の秀《ひい》でたる　国は偉人のある習い

（浅井洌作詩　北村季晴作曲　小山清茂編曲）

る。もちろん「世界一の国だ」という意味もある。では、国民がことあるごとに、あのように歌う国は、鉄の団結を誇る国といっていいのか？

実は違う。本当にそうなら、それをいちいち歌う必要はない。アメリカには、様々な人種がいて階層があって対立がある。だから、常に団結心を強調しておかねばバラバラになるという不安があるのだ。

そういえば、賢明な読者は、「信濃の国」のもつ意味がおわかりだろう。あるいは、筆者の「偏見」だと思われる方がいるかもしれない。

しかし、前出の『長野県の歴史』の著者塚田正朋氏も「この事実（「信濃の国」が制定されたこと）は、逆に、県民がいかにまとまりにくい県であるかを物語っている」と述べているくらいで、外からこの国を見れば（塚田氏も長野生まれではない）、誰の目にも明らかなことなのである。現代ですら、北信《ほくしん》（長野）と中信（松本）の対立は有名である。

『人国記』に見る信州人の特性

では、なぜまとまりにくいのか？

第一に自然環境がある。

信濃の民にとって、「隣村」というのは、往々にして山を越えた向こう側にある。他の国の民が「国境」を越えるような感覚のところが「隣」なのだ。そうした村々と交流するのは大変手間のかかることだから、結局、村々は「交流なし」で生きていく道を求める。簡単にいえば「自給自足圏」になるということで、これでますます孤立性が高まって、一つの国であるという連帯感、団結心が育ちにくい。

というと、まるで悪口ばかりのようになってしまうから、ここで一つ褒めておこう。

筆者が今書いているものは、厳密にいえば「風土記」ではなく「人国記」に分類されるべきものだ。つまり単なる「風土」を述べただけでなく、それが住人に与える影響を重視し、その気質まで踏み込んだものだ。

実はこうした本が初めて書かれたのは中世のことで、タイトルはそのものずばり『人国記』である。「環境が住民の気質を作る」という「原理」を初めて発見した著者の名は、残念ながらわからない。

しかし、本そのものは伝わっている。今でも読むことができる(岩波文庫)。その『人国記』の中で、信州人は「武士の風俗天下一なり。尤《もっとも》百姓・町人の風儀もその律義《りつぎ》なること、伊賀・伊勢・志摩の風俗に五畿内を添へたるよりは猶《なお》も上なり」と褒められているのだ。日本六十余州(国)のうち、ベストの評価といってもいいだろう。名将真田幸村も信州人である。

ところが、この事実もこれが「団結」というテーマの前では「問題」になるのだから、世の中は面白い。「優秀な人間」がそれぞれ「自給自足」できているのである。当然、それは「自我を押し通せる」ということでもある。愚鈍な人間が多いのなら、優秀なリーダーさえいれば、まとめることができるが、それぞれが優秀だとかえって対立が深まる。

実は、この「弱点」を突いたのが隣国甲斐（山梨県）の英雄武田信玄なのである。

甲斐の名将武田信玄との関係

武田信玄はこの『人国記』の愛読者で、「風土と気質の関係」に極めて高い関心をもっていたという。その信玄が武田家の勢力拡張にあたって、狙いをつけた国がこの信濃だ。

江戸時代の石高《こくだか》はその国の生産力を表す指標だが、甲斐国は信濃国の半分でしかない。それなのに、なぜ信玄は信濃を攻略できると考えたのか？

それは戦国時代の信濃には、甲斐のような強固な統一政権がなかったからだ。そこで信玄は、信濃国内の勢力と、対立し、あるいは同盟することによって、各個撃破して版図《はんと》を拡大していったのだ。イギリスがインドを植民地にしたのと同じやり方だ。どんな国にも対立があり、不満分子がいる。それを巧みに操ることによって、信玄は信濃を手中に収めようとした。

信玄にとって誤算だったのは、信濃に境を接する「十州」の中に越後国があり、そこに上杉謙信という信州人以上に義理堅い名将がいたことだろう。

謙信は、信玄によって信濃を追われた村上義清の頼みを聞いて、武田軍を信濃から駆逐しようとした。そこで、あの有名な川中島の決戦となったのだ。

川中島の決戦は、結局「引き分け」だった。謙信は信玄を追い出すという目的を果たせず、信玄は信濃のすべてを自分のものにすることができなかった。ただし、そこは信玄、転んでもタダでは起きない。

信濃国には一つ、全国に誇るべき宝があった。善光寺如来《ぜんこうじにょらい》である。善光寺に今も鎮座する阿弥陀如来は、遠く飛鳥の昔に日本に初めて伝えられた仏像といわれる。蘇我・物部の崇仏《すうぶつ》論争（仏教を信ずべきか否か）の果てに、難波の堀江に捨てられた如来像を、信州人本田善光《よしみつ》が霊告を受け拾い上げ、寺に祀ったといわれている。これが善光寺の由来だ。

昔から善光寺如来は厳重な秘仏とされ、開基以来1000年以上も、その尊容を拝した者はいない。7年に1度の御開帳は「前立仏」、つまり本尊の前に置かれたレプリカの公開なのだ。模造仏ですらふだんは秘仏で、7年に1回しか拝むことができないということだ。

この信濃国の至宝、善光寺如来を、信玄は厨子《ずし》ごと甲斐にもち去った。川中島の「戦火」が及んでは大変なことになる、という口実でである。現在甲府にある甲斐善光寺は、その時如来が置かれた場所だ。自分で戦争を起こしておきながら、危険だといい立てて、ちゃっかりと自国に奪ったのである。この後、如来は秀吉の命令で京に移されたが、最終的に秀吉の死の直前、再び信濃国に返還された。

信州人のイメージは学校の先生

ところで、現代の信州人というと、田中康夫前長野県知事を思い浮べる人はいないだろうか？それはむしろ誤解というべきだろう。田中氏は硬直化した県政に風穴をあけるために、わずかな縁を頼りに外部から招聘《しょうへい》された人であり、誤解を恐れずにいえば「外国人」である。

現在の信州人のイメージは、私は「学校の先生」ということでいいと思う。「真面目で勉強熱心で議論好きなのはいいが、融通には欠ける」――その証拠に長野県という県はいわゆる「フーゾク」が最も少ない県なのである。そういう土地であればこそ、むしろそれとは対照的な特性をもつ田中氏が、県政刷新のためには必要だった、というのが私の解釈である。

「学校の先生」ということは、商売があまり上手ではない、ということにもなる。堅実な「もの造り」には向いているが、商売となると融通がきかない部分が邪魔をするらしい。

一つ例を挙げよう。この地は日本有数の名水の産地で、とにかく水がおいしい。ところが私の知る限り長野駅のような中枢の場所、あるいは市内のホテルなどで、長野県産のミネラルウオーターが全然置いてないのである。置いてあるのはむしろ「信玄の国」甲斐の水だ（ミネラルウオーターには採水地表示がある）。「おいしい水」がいくらでもあるから、それを金を払ってまで買おうとしないのか、あるいは「この地の水は商売になる」という意識がないのか。私も、日本全国旅をしているが、こういうところは他にない。

まさに、そのあたりが伝統なのだろう。

上野国

上野国《こうづけのくに》、現在の群馬県である。

昔は、群馬・栃木両県を合わせた地域を毛野《けの》国といったが、すでに『日本書紀』の時代に上《かみ》毛野国（群馬）と下《しも》毛野国（栃木）に分かれていたらしい。今でも、群馬県を「上毛《じょうもう》」と呼ぶのはこの名残だ。もっとも一般的には「上州《じょうしゅう》」という略称の方がなじみ深いだろう。

実在の国定忠治《くにさだちゅうじ》も、「上州新田郡《にったごおり》三日月村生まれ」の木枯し紋次郎も、同じ上州人だ。だが、新田郡というならば、足利尊氏のライバルであった新田義貞《よしさだ》を挙げるべきかもしれない。

一方、「忠臣蔵」に登場する吉良上野介《こうづけのすけ》は、実は上野国とは何の関係もない。大岡越前守《えちぜんのかみ》も同じだが、江戸時代の武家の官位は実態とは無関係なのである。

上野国を知る格好の「教材」がある。「上毛かるた」だ。これは終戦直後、占領軍の政策で日本史の授業すらまともに行えなかった頃、地元有志が中心となり、地元紙上毛新聞の協力を得て作

成したものである。

「知らず知らずのうちに郷土への知識を深め（趣意書）」るという、なかなか上手《うま》いアイデアである。

いくつか紹介しよう。

Ⓐ 浅間のいたずら鬼の押出し《おしだ》
Ⓚ 草津よいとこ薬の温泉《いでゆ》
Ⓢ 裾野《すその》は長し赤城山《あかぎ》
Ⓜ 紅葉に映える妙義山
Ⓡ 雷《らい》と空風《からつかぜ》義理人情

「火山」がもたらす豊富な温泉

上州というと、私の頭に浮かぶイメージは浅間山、赤城山、妙義山《みょうぎさん》といった、他の地方ではあまり目にすることのない姿の山々である。

火山国日本の中でも上州は特に火山の多いところで、だからこそ温泉も豊富だということになる。明治維新後、多くの外国人が日本を訪れるようになったが、彼らがいち早く注目したのもこの地方の温泉だった。

『ベルツの日記』で有名な「日本医学の父」ともいえるエルウィン・フォン・ベルツ（1849

〜1913年）が、草津・伊香保《いかほ》などの温泉の効能を再評価したのは有名である。

山容の荒々しさも、温泉の豊富さも共に火山が原因で、粘りけのある溶岩が固まると「鬼の押出し」といわれる奇勝やゴツゴツとした山を生み、さらさらと流れる溶岩は絵葉書にあるような秀麗な山を形成する。後者の代表が榛名《はるな》山で、榛名富士とも呼ばれている。また「赤城」「妙義」「榛名」の三座を「上毛三山」という。

しかし、山好きならともかく、一般人が上州のイメージとしてすぐ頭に浮かべるのは、むしろ「空風（からっかぜ）」の方かもしれない。空風は「乾風」とも書き、特に冬から春にかけて強く吹く乾燥した北風のことである。どうやらこれは、日本の真ん中に背骨のように走っている山脈と関係あるらしい。

この山々が壁となって日本海側には大雪をもたらすが、その反面、関東平野ではこうした風が吹くのである。日本海側の乾風といえば、いわゆる「フェーン（現象）」があるが、あれは暖風である。

空風は身にしみるのだ。県内中心部の高崎や前橋あたりでは5月頃でも、「鯉のぼり」が上げられないほど風が強い地区もある。これが関東ローム層の赤土を巻き上げ、砂ぼこりが今度は目にしみるということになる。

また雷も頻繁にあるという。瀬戸内海あたりとは、気候の面でもまったく違う。

史料・芸術的に価値ある多胡碑

しかし、この地方は随分古くから開けていたらしい。

日本三古碑《こひ》の一つ、多胡碑《たごひ》はその証明である。上越・長野新幹線の高崎駅から少し離れた旧吉井町（現、高崎市）に、この石碑は今も大切に保存されている。

高さ1メートル27センチ、幅60センチの砂岩製の碑の表面には、漢文で和銅4年（711）に、上野国に新たに多胡郡という郡が設立されたことが彫り込まれている。この事実は文献でも確認できるが、仮にこれが新郡設立を記念して建てられたものとしても、一体誰が建てたのかという疑問は残る。他にこのような例はないからだ。

そこでクローズアップされるのが、この碑文にある「給羊」という二文字だ。これは普通に読めば「（郡を）羊に給《たま》う」、つまり「羊」は人名であると考えられるので、渡来系の人物がこのあたりを支配していたのではないかともいわれる。この人物を「羊太夫《ようだゆう》」と呼び、悲劇の人物としてとらえる伝説もある。

それはともかく、この多胡碑の史料的・芸術的価値は大変なものがある。古くは神社の御神体として祀られていたが、その字の見事さが江戸時代あたりから盛んに注目されるようになった。

明治になってここを訪れた清朝最高峰の書家楊守敬《ようしゅけい》は、自著の「書の手本集」ともいうべき『楷法溯源《かいほうそげん》』の中に、碑文の80文字から39字も採用しているほどだ。

碑堂の隣には、町立の多胡碑記念館があり、古今の書の史料を多数展示している。

特に書道に関心の深い人は、一度は訪れるべき場所であろう。

また、現在は国指定の「史跡」だが、本来なら碑自体を国宝か重要文化財として指定すべきものだろう。

さて、この地方の荒々しい気候風土は、江戸期以降多くの侠客を生んだ。このあたりは大大名がなく、小規模な旗本領が多く、治安維持がしにくかったという事情もある。しかし、それだけではない。やはり火山灰質の土地が、豊かな実りをもたらさなかったことに原因があるのだろう。

だが逆に「荒々しい」というのは皮相な見方で、実は竹を割ったようにさっぱりした腹黒いところのないのが、この国の人々だという見方もある。

〝革新的〟な上州の人たちの気風

ところで、「空風」と並んで全国的に知られているのが、「カカア天下」だろう。

これは本当のことなのか?

どうやら、ある意味ではホントらしい。「上毛かるた」にも「(ま) 繭《まゆ》と生糸《きいと》は日本一」「(に) 日本で最初の富岡製糸」とあるように、この地はかつて養蚕《ようさん》・製糸業がドル箱だった。ここで働くのは女である。

したがってサイフのヒモをにぎった女が強くなる。一方、亭主はやることがないのでバクチに走る――かつて群馬県出身の友人に聞いた話である。事実かどうかは確言できない。ただ、競輪、競艇、オートレースと、ギャンブルの機会に不自由しない場所であることは確かだ。

さっぱりした気性で、金銭をあくせく貯め込んだりしないということは、新製品を売るには良い場所だということにもなる。実際、地方によっては貯め込むばかりで、新しいものには飛びつかないところもあるのだから、こうした気風は貴重かもしれない。

ここまで読んできて、上州人の気質はいわゆる「江戸っ子」のそれに似ていると思った人も多いだろう。

江戸時代の江戸（東京）は、今よりも東国という意識が強く、関東人の集まるところだったから、上州の気風が「江戸っ子」に強い影響を及ぼしていても、何の不思議もない。

ただ上州人は、「江戸っ子は五月《さつき》の鯉《こい》の吹き流し　口はあれども腸《はらわた》はなし」とまで酷評された、いわゆる「口だけ」の人間ではない。

内村鑑三《かんぞう》といえば、『余は如何《いか》にして基督《キリスト》信徒となりし乎《か》』でも有名な、明治期の日本キリスト教徒の草分けともいうべき人物である。既成教会の形骸化を批判して「無教会運動」を展開したことでも有名だ。

内村といえば、反射的に浮かんでくるのが、同じく明治のキリスト教徒の草分け的存在で、同志社大学の創立者でもある新島襄《じょう》だろう。

実はこの二人、共に上州人なのである。

内村は高崎藩士の子、新島は安中藩士の子だ（新島の方が年上）。

日本キリスト教史に名をとどめる二人が、共に上州人だということは、私は単なる偶然ではないと思っている。

「人生はギャンブルだ」という人もいるように、人間の一生の中ではこれまでの古い常識や習慣を一気に捨て去る覚悟がいる時がある。しかし、それは極めて困難なことでもある。

だが、上州人のもつ「思い切りの良さ」が、いい方面に発揮された場合は、このようになると考えることはできないだろうか。

進取の気性、思い切りの良さ、純粋性――こうしたものが、今も上州人の心の奥底にあると、私は信じている。

下野国

通称「野州《やしゅう》」、現在の栃木県にあたる。自然の豊かな国である。ライバル（?）ともいうべき上野国（上州＝ほぼ群馬県全域）も山と温泉に恵まれているが、「赤城おろし」ともいう「関東の空《から》っ風」がとても強い。

よくアメリカの西部劇《ウエスタン》で、風がびゅうびゅう吹きまくる町が出てくるが、上州とはあんなイメージだが、野州にはそれが少なく、多いのは雨と雷であろう。もちろん、これはなかなか統計がとれるものではなく、上州でも雷は結構多いのだが、やはり野州というと、高原、森林、豊かな水、雨、雷のイメージが私には強い。

古くから開けた土地でもある。『日本人の心をとらえる3の霊力に迫る』の日本三古碑の項で取り上げた「那須国造《なすのくにのみやつこの》碑《ひ》」にも、このあたりのことは出ている。そもそも上野・下野は毛野《けぬ》の国を東西二つに分けたものだが、既に天武天皇（在位673〜686）から下野の名がみえる。

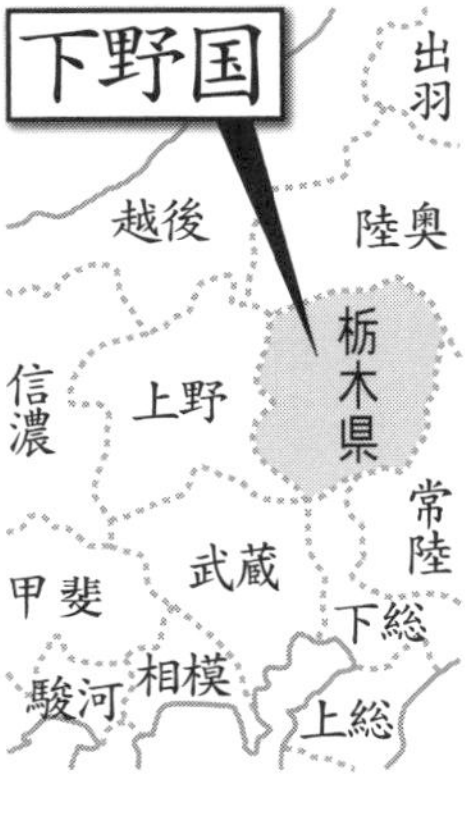

そして、奈良に都があった平城京時代には、あの有名な称徳《しょうとく》女帝と弓削道鏡《ゆげのどうきょう》の「スキャンダル」にも、この下野国は登場する。道鏡が失脚し、「太政大臣禅師」の座をクビになって流されたのが、この下野国薬師寺なのである。一応は「別当（長官）」という肩書きだが、左遷というよりは流罪と考えるべきものだろう。あの菅原道真も右大臣から大宰府権帥《だざいふごんのそち》（九州大宰府副長官）に左遷という形で流されたのだ。

道鏡と称徳女帝の問題を考える

道鏡と称徳女帝の話は河内国《かわちのくに》の項でも触れたが、もう少し解説しよう。

事件は奈良時代の末期に起こった。まず、前天皇に男の子が生まれず内親王（天皇の娘）が即位した。これが孝謙、後の称徳女帝だ。よく、昔は女帝があったのだから、今も女帝を復活させるべきだという論者がいるが、ことはそう簡単ではない。

歴史上有名な推古女帝（聖徳太子の叔母）や皇極女帝（天智・天武天皇の母）は、もともと内親王であったと同時に前天皇の未亡人であった。そして自ら腹を痛めて生んだ子もいた。

推古女帝はその子（竹田皇子《たけだのみこ》）に先立たれたので、兄の子つまり甥である厩戸皇子《うまやどのみこ》（聖徳太子）を皇太子に指名したが、基本的に古代の女帝というのは男性の皇位継承資格者が育つまで、「つなぎ」をつとめるものなのである。ところが、この時は直系の皇子が絶えていたので（それだけでもかなり異例だが）彼女は皇太子となって即位した。ということは未婚で、結婚相手がいないということになる。女帝の最大の問題は結婚が難しくなるということだ。

先代の未亡人なら問題ないが、未婚の女帝だと有力皇族でないと結婚できない。子が生まれずに彼女の方が先に死んだら、残った夫が天皇になる。ということは天皇になれる資格のある男でなければ彼女の夫にはなれない。しかしそういう男がいないからこそ、彼女が即位しているのだ――。彼女は遠縁の皇族を養子にしたが、この男は不適格として追放してしまった。そこへ登場したのが美男の「怪僧」弓削道鏡である。

「通説」では、女帝は道鏡の性的魅力にメロメロになり、天皇の位を道鏡に譲ろうとした。朝廷では和気清麻呂《わけのきよまろ》を九州の宇佐八幡宮に送り「神託《しんたく》（神のお告げ）」の確認を仰いだ。答えは「天皇家以外の出身の者が天皇の位を継ぐことはまかりならん」であった。そうこうするうちに女帝は亡くなり、道鏡は失脚して流されることになった。

これがいわゆる通説であるが、私はこれを疑わしいと思っている。確かに女帝が道鏡に位を譲ろうとしたのは事実らしい。だから女帝がそんな「とんでもないこと」を考えたのは「二人が怪しい関係」だったのだ、ということになっているわけだ。

しかし、もっと純粋に考えればいいと思う。女帝は理想主義者で、ちょうどその時に天皇家にはろくな人材はいなかった。ならば僧侶としても人間としても優れている道鏡に位を譲れば、世の中は丸く治まると考えたのではないだろうか。

ちなみにこれは非常識ではなく、海の向こうの先進国とされていた中国（当時は唐《とう》）では、

「禅譲《ぜんじょう》（血縁関係はないが徳のある者に王者が位を譲る）」と呼ばれ、最も美しい理想的な「政権交代」と考えられていた行為なのである。道鏡と称徳の関係は「男女の仲」ではなかったとは、道鏡が失脚した後も破戒僧として俗人に戻されなかったことが証明している。

僧侶は戒律を守らねばならない。本来僧侶になる時には、師の僧侶から戒を受ける（受戒《じゅかい》）の儀式が必要である。

ところが当時の日本にはその資格のある僧侶がいなかった。これでは日本の仏教は完全なものとはいえないと、若い僧侶が唐に授戒僧（戒を授ける僧）を迎えに行った。その招聘《しょうへい》に応じたのが有名な鑑真《がんじん》である。

鑑真は失明という不幸に見舞われながらも、命がけで日本に戒を伝えるためにやってきた。朝廷では、鑑真のために唐招提寺《とうしょうだいじ》（唐から招いた僧侶の寺）を建立し、合わせて東大寺、大宰府観世音寺、下野薬師寺に戒を授ける場所、いわゆる戒壇《かいだん》を築いた。これを日本三戒壇と称する。東国の中心として戒壇が置かれたのだから、このあたりが最も仏教文化に恵まれた土地だったことがわかる。ちなみにこの下野薬師寺は今はないが、跡地が発掘され、大和（奈良県）の薬師寺に匹敵する規模だったことが明らかになっている。

下野足利氏と上野新田氏の争い

中世の下野では、やはり足利氏のことに触れなければなるまい。後に室町幕府を開いた足利氏のルーツは下野国足利庄である。ライバルの新田《にった》氏のルーツは上野国新田庄だが、この二家は共に始祖が「八幡太郎」源義家の孫で兄弟の関係にあった（新田の方が兄）。そして、それぞれ上野・下野に土着し、勢力を築いた。

有力だったのは足利氏の方で、鎌倉時代には上総《かずさ》、三河の守護となり、遂に足利高氏《たかうじ》（後に尊氏）を生んだ。尊氏は腐敗した北条執権体制に不満を抱き、最初は武家政権打倒を目指す後醍醐天皇に協力し鎌倉幕府を滅亡させた。尊氏の「尊」の一字はその褒賞として後醍醐天皇（本名「尊治《たかはる》」）から賜わったものだ。

しかし、武士を無視した政治を続ける天皇に尊氏は反旗を翻《ひるがえ》した。この時、天皇側に味方したのが新田氏の総帥義貞である。義貞は名門新田氏の誇りをかけて尊氏に挑んだ。この戦い、最終的には武士全体の支持を得た尊氏の勝利に終わり、義貞は討死して新田氏は没落した。一方、足利氏はその後も全国に勢力を広げ、一色《いっしき》、今川、吉良《きら》なども足利氏の流れである。

こうして足利氏は発展することによって、むしろ足利の地を去って行ったが、その栄華を今に残すのが、鑁阿《ばんな》寺と足利学校である。鑁阿《ばんな》寺は鎌倉幕府創建の頃（12世紀末）に、足利義兼（法号鑁阿）によって建立された寺で、もとは義兼の館だと伝えられる。確かに武士の館らしく、今も防備のため土塁と堀が残っており、本尊大日《だいにち》如来（宗旨は真言宗）を安置する大御堂は堂々たる構えで、鐘楼と共に重要文化財に指定されている。

また、同じく義兼の創立ではないかとされる（異説もある）足利学校は、日本最古ともいえる私立学校で、日本の儒学の水準を高めるのに大きな功績があった。その書庫（図書館）も大変充実しており、本場中国で失われた書物がここで発見され、中国に逆輸入されたほどだ。

また、天下を取った徳川家康が、『貞観政要《じょうがんせいよう》（中国の政治家の心得を説いた本）』や『吾妻鏡《あづまかがみ》（鎌倉幕府の歴史を書いた本）』の木版本を出版させた時、使われたテキスト（原本）はこの足利学校のもので、実際の出版にあたったのは当時足利学校の庠主《しょうしゅ》（校長）であった僧三要《さんよう》であった。学校自体はその後、火災などで建物は失われていたが、現在は昔の姿に復元されている。往時の足利学校をしのぶには絶好の環境である。

なぜ家康は下野で祀られたのか

家康といえば、この下野国とは深いかかわりがある。

豊臣家を滅ぼした翌年（１６１６）、75歳の生涯を駿府（静岡市）で終えた家康は、一年たったら下野国日光に改葬し神として祀るように遺言した。これが日光東照宮である。東照宮というのは、家康の神号（神としての名）が東照大権現と定められたからだ。これは明らかに天皇の祖先神が「天照大神」すなわち「アマテラス」であるのに対抗して、「アズマテラス」としたものだろう。ちなみに「権現」とは神仏が人の姿を借りてこの世に現れたものをいう。

従って、家康は「神様だった」ということになるわけだ。その先鞭をつけたのは実は織田信長だ。信長は安土城《あづち》で自分にお賽銭《さいせん》をあげよと命じたと、宣教師ルイス・フロイスは書き残している。歴史を「つながり」としてみない多くの論者は、「信長もバカなことをする」と笑うが、開拓者《パイオニア》としての信長があったればこそ、秀吉も遺言（つまり生前に宣言して）で豊国大明神となり、家康も遺言で東照大権現となったわけだ。

家康が「大明神」を選ばなかったのは、二代で滅んだ豊臣家と同じではエンギが悪いのと、秀吉とは別の新しい形を求めたからであろう。また、家康がわざわざこの地を選んだのは、ここにはもともと古くから山岳信仰があり、二荒山《ふたら》が霊場として開かれていて、神聖な土地というイメージがあったからだと思われる。日光という字も、二荒を「ニッコウ」と読み、それを佳字に改めたとされる。

『奥の細道』でここを訪れた芭蕉は「あらたふと　青葉若葉の　日の光」と日光の地名を読み込んだ俳句を残している。

その東照宮が最大の危機に瀕したのが、幕末の戊辰《ぼしん》戦争の時であった。賊軍徳川の祖の社《やしろ》など焼き払ってしまえという乱暴な意見があったのを、押し止めたのは官軍の板垣退助《いたがきたいすけ》であった。今日、神橋《しんきょう》の近くに板垣の銅像があるのは、その功を賞してのことである。

出羽国

出羽国《でわのくに》とは現在の山形県全域と、秋田県の鹿角《かづの》市と鹿角郡を除いた部分を指す。日本も南の方へ行くと、旧国が一つの県になっているところが少なくないが、北の方へ行くと一国の領域が広くなる。これはやはり大和朝廷が日本の南西部から北東部へという形で、支配地域を広げてきたからだろう。

鹿角市あたりが、出羽国ではなかったのに秋田県に編入されたのは、明治維新の時に南部藩が「賊軍」とされた影響かもしれない。

明治維新の時の「廃藩置県」や旧国鉄のターミナル駅、県庁、旧制高校の配置には、旧藩が「官軍側」であったか「賊軍側」であったかが大きく作用している。この近くでは、江戸時代最も重要視された会津若松が、福島県の県庁所在地にならなかったことが（この場合は交通が不便だという問題もあったが）、その一例だろう。

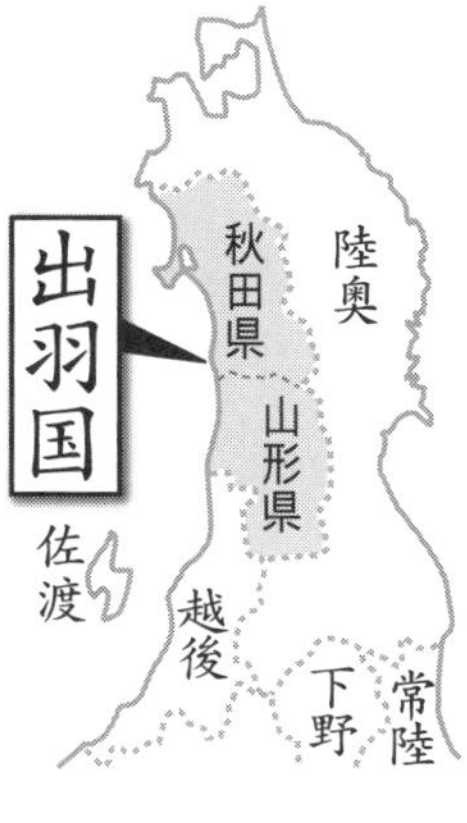

このあたりは昔、大和朝廷からは「異民族の土地」とみられていた。異民族というのは蝦夷《えぞ》（エミシ）である。

そして前にも述べたように、平安時代に征夷大将軍になった坂上田村麻呂は、蝦夷軍を破って大将のアテルイを捕えた。

その時に、東北地方が初めて「日本」となった。ちみなに日本（ヒノモト）という国号は、もともとこのあたりの国を指す言葉だったという説もある。

さて具体的にこの時「日本」に編入されたのは、陸奥国《むつのくに》の奥六郡《おくろくぐん》、出羽国の山北《せんぼく》三郡である。このうち山北三郡は、山本（のちの仙北《せんぼく》）、平鹿《ひらか》、雄勝《おがち》の三郡である。

そして、この時から「日本人」となったはずの蝦夷は、「俘囚《ふしゅう》」と呼ばれた。俘囚とは「捕えられた者」であり、もちろん蔑称だ。

しかし、この地は稲作にこそ向いていないものの（寒冷地で育つ稲ができたのは、後世のこと）、金や獣皮や魚介類や材木など物産に恵まれていた。そこで奥六郡には安倍氏、山北三郡には清原氏が台頭した。

古代の安倍氏と清原氏との争い

そして永承6年（1051）、安倍氏が南下して「日本」に侵入した。朝廷はあわてて源氏の棟梁源頼義を、征夷大将軍ではなく、陸奥守《むつのかみ》に任じて鎮圧に向かわせた。これは外地の征服（征夷）

ではなく、領域（陸奥国）の防衛であるという意識があったからだろう。

　これを前九年の役《えき》という。役とは本来対外戦争を指す言葉だ。ちなみに、この戦争の時に、源氏側が造った要塞を「城」といい、安倍氏側のは「柵《さく》」という。

　実際形も違ったのだろうが、このあたりも「異民族」という意識があったから、こういうことになるのである。城というのは中国語で、長安のように、あるいは敦煌《とんこう》のように、城壁で囲まれた都市のことをいう。日本では姫路城のような堀で囲まれた軍事基地を「城」と呼んでいるが、本来は違うものだ。

　そして、本来の「城」に最も近い日本の城こそ、実は秋田城なのである。秋田城は天平5年（733）に、今の秋田市内高清水に置かれた。東北経営の一大基地であって、発掘調査によれば丘陵地帯を中心に領域が広がっていたらしい。

　この前九年の役は、山北三郡の清原氏が朝廷側についたことによって、安倍氏の負けとなり、奥六郡も清原氏の勢力範囲となった。

　清原氏の棟梁清原武則はこの功で鎮守府《ちんじゅふ》将軍に任ぜられた。これは「征夷」ではなく、あくまで「朝廷の領土」を守る拠点の長という意味だ。

　そして源頼義の子義家は、出羽守に任ぜられた。義家は後世に、「八幡太郎義家」と呼ばれる源氏の伝説的な名将である。

　ところが、この清原氏に内紛が起こり、これを鎮めるために再び源氏が派遣されたのが、後三年の役（1083～1087年）である。「前」があるから「後」があるのだが、この結果、奥六郡は清原の血を引く藤原清衡《ふじわらのきよひら》によって支配されることになった。ここにもドラマがあるのだが、それは陸奥国の時に語ろう。

とにかくこれで、出羽国は日本の領域となった。

小野小町は出羽国の出身か？

ところで、「秋田音頭」をご存じだろうか？

〽秋田名物八森《はちもり》ハタハタ　男鹿《おが》で男鹿ブリコ　能代春慶《のしろしゅんけい》桧山《ひやま》納豆　大館《おおだて》曲わっぱ——

明るいラップ調の曲で、もともと秋田藩の城下町久保田で歌われたものだという。

特に「何番」という歌詞ではないのだが、中頃に次のような歌詞がある。

秋田の女《おな》ご　何してきれいだと聞くだけ野暮だんす　小野小町の生まれた在所　お前《め》はん知らねのげ——

小野小町は秋田（出羽）生まれだという。

実は根拠はある。小野小町の父は素姓が明らかではないが、『古今和歌集』に小町の歌が載せられていることからみても、小町自身は実在の人物で中級貴族以上の家の生まれであったことは確実だ。しかも小野というからには小野氏であろう。

中級貴族にとって最も嬉しいことは、地方官に任ぜられて地方へ赴任することだった。なぜ「都落ち」がうれしいかというと、中央ではまったくうだつの上がらない彼らも、地方へ行けばまさに「王様」で、地方官としてのノルマを果たしてしまえば、あとはやりたい放題だったからだ。

つまり、都から郡司として赴任してきた小野良真《おののよしざね》と、現地の女性の間に生まれたのが小町であるという伝説が古くからある。だから「小野小町の生まれた在所——」という歌になるわけだ。

実際、秋田は美人の宝庫である。その理由は、日照時間が少なく肌が白くなるからという説がある。これもあながち否定すべきものではない。日照時間が少ないと色白になることは、科学的な根拠があるし、「色の白きは七難隠す」という美人の条件（？）を定めた諺も昔からある。

また、秋田と名が付けば、秋田美人のほかに秋田犬《あきたいぬ》と秋田杉がある。秋田犬の方は、この出羽国や陸奥国の伝統文化であるマタギの存在と、深い関係があるに違いない。

日本は先住民である狩猟民族の縄文人が、後からきた農耕民族の弥生人に追い立てられて北へ移動して行き、成立した国だと私は考えている。

ならば北へ行くほど、狩猟民族的な文化が色濃く残っているはずで、マタギという猟師の集団は、縄文人の文化を継いだものではないかと考えられる。そうした中から「忠犬ハチ公」のような、主人に忠実で忍耐強い秋田犬が作られていったのだろう。

また杉といえば「花粉症」のために毛嫌いする人もいるが、あれは車の排気ガスに問題があるようだ。杉というのはヒノキに比べて長持ちはしないが成長が早く、細工も容易である。だからこそ、木が中心の明治以前は、今よりはるかに重要な素材だった。

もともとは天然林しかなかったが、常陸国（茨城県）から転封によって秋田にやってきた佐竹家の手によって、積極的に造林がなされた。日本三大美林（青森ヒバ、木曽ヒノキ、秋田スギ）とは人工林のことでもある。

山岳信仰の聖地である出羽三山

忘れてはいけないのは、出羽国には山形県も入っているということだ。

山形県側では、なんといっても出羽三山を語らねばならない。

出羽三山とは月山《がっさん》、湯殿山《ゆどのさん》、羽黒山《はぐろさん》の総称で、日本有数の山岳信仰の聖地である。

6世紀末に、崇峻《すしゅん》天皇の子として生まれた蜂子《はちのこ》皇子が開山したという伝説があり、山伏たちの修行の場となった。

その中心である羽黒山神社は、雲を突くような大杉の、昼なお暗い林の中にある。かつては神仏混淆《こんこう》の道場で、東国で山伏といえばまず羽黒山というぐらい大きな存在であった。

山形県側ではもう一つ文化の中心地として、米沢を挙げなければなるまい。

米沢は、関ヶ原の戦いで敗者となった上杉氏が移封されてきてから栄えた町である。

江戸時代の米沢藩は武よりも文で知られ、全国で行われた藩政改革の祖といえる上杉鷹山《ようざん》は、今でも「改革のリーダー」として人気のある人徳の士である。

陸奥国

陸奥国《むつのくに》は、現在の青森・岩手・宮城・福島の各県と秋田県の一部を含む、広大な国である。道奥（みちのく）すなわち「道の奥」というのが語源らしいが、昔から中央政権はこの国を「さいはての地」と考えていたということだ。

もっとも「中央」とか「辺境」とかは、人為的に決められたもので、人間の作った勝手な区分だ。もし、日本の首都が九州にあったとしたら、京都も東京も「道奥」だったかもしれない。実際、ロシアからみれば「道奥」の方がより近い「日本」ということになる。

このことを如実に語る（？）遺跡というか、遺物がある。

現在、青森県東北町に保存されている「日本中央の碑」である。昭和24年（1949）というからそんな昔ではないが、この地で高さ1・5メートルほどの「日本中央」と刻み込まれた石碑が発見されたのである。

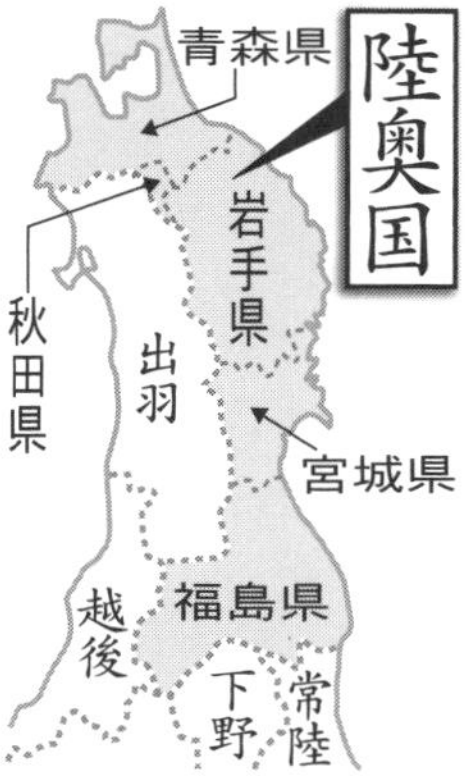

坂上田村麻呂とアテルイとの戦い

実は、この碑のことは古い文献に記されている。平安時代初期、まだ陸奥国の大部分が大和朝廷の領土ではなく、大和民族とは違う蝦夷《えみし》がこの地を支配している頃、一人の武人がこの地に派遣された。

征夷大将軍坂上田村麻呂である。

田村麻呂は蝦夷の王アテルイと戦って大勝利を収め、この地を大和の領域に組み入れることに成功した。逆にいえば、蝦夷は侵略され土地を奪われたということになる。

この地には、アテルイの痕跡を示す遺跡が数々あるが、中でも有名なのは岩手県にある「達谷窟《たっこくのいわや》」（平泉町）であろう。これは「悪路《あくろ》王（アテルイのことだろう）」が籠った場所と伝えられている。

また、東北には毘沙門天《びしゃもんてん》を祀った毘沙門堂が多いが、これも仏界を守護する四天王のうち、主に北を守るのが毘沙門天だからだ。

田村麻呂自身も毘沙門天を信仰していたとされている。

その田村麻呂がこの地を征服したとき、自ら石の表面に「日本中央」と彫りつけたというのだ。

この碑は「つぼのいしぶみ（壺の碑）」と呼ばれ、平安時代は格好の歌の題材となった。

たとえば『百人一首』にも登場する寂蓮《じゃくれん》法師の歌に「みちのおく　つぼのいしぶみ　ありときく　いづれかこひの　さかひなるらん」とある。ここで重要なことは、平安後期に既に「石碑」

の場所がわからなくなっていたことだ。

ところが、江戸時代初期になって、朝廷の陸奥経営の拠点の一つであった多賀城《たがじょう》跡から、天平時代に遡る石碑が見つかり、これが「つぼのいしぶみ」だということにされた。

そのときまで「つぼのいしぶみ」は存在がわからなかったのだが、所在がわからないのにもかかわらず東北の地の歌枕《うたまくら》（和歌に「決まり言葉」のように使われる有名な地名）となっていた。そこで多くの人々がその実在を信じていたところ、この古い石碑が発見（倒れて草に埋もれていたらしい）されたので、「やっぱりあったか」ということになったようだ。松尾芭蕉などもそれを信じていた。

しかし、この石碑、大変立派なものではあるが、逆に立派過ぎて「つぼのいしぶみ」に関する伝承とは矛盾する。碑文も武人が片手間に彫ったようなものではなく、しかも内容は奈良時代にこの地が大和朝廷の領域であることを示し、肝心の「日本中央」という言葉がない。

従って、これは「つぼのいしぶみ」とは別の価値をもつ石碑だとして、現在は「多賀城碑」と呼び、日本三古碑（残りは那須国造碑、多胡碑）の一つとして考えるのが一般的だ。

なぜ陸奥が「日本中央」なのか？

それでは、本物の「つぼのいしぶみ」はどこにあるのかという疑問が生まれた中、現代になって東北町（古い時代は発見された周辺の地名を坪〈つぼ〉と呼んだらしい）で「日本中央の碑」

が発見されたのである。

では、これが本物の「つぼのいしぶみ」なのか？　碑文は伝承通りで、まさに武人が片手間に彫り込んだような文字なのだが、問題は田村麻呂がここまではきていないと推測されることだ。だから偽作説もある。

私は、田村麻呂がそういう行為をしたのは事実だと思うし、石碑自体は移動可能なものだから（現に皆で引っ張ってきたという伝説が残されている）、これが本物であっても不思議はないと思っている。しかし、実は最大の問題は、なぜこの地が「日本中央」なのか。「日本中央」とは京都のことではないのか、という疑問である。

ここで気がつくのは昔の日本は、対外的には「倭国《わ》」であり、国内的には「大和《やまと》」だったということだ。

それが「日本」になったのはいつなのか？

やはり対外的に「中国」を意識したときだろう。中国というのも「世界の中心」という美称なので、これに対抗して「そちらは日の沈むところじゃないか、こちらは日出づるところだぞ」という思いを込めて日本という国号を採用したのだろう。

「太陽は東から昇る」が、「東西南北」も「中央と辺境」と同じで、基準点がないと決定できない。たとえばインドから見れば中国は東で「日の出づる所」になる。

日本が「日のもと（日の出づる所）」、つまり「東の国」だと主張するのは、やはり「中国」を意識してのことだ。念のためだが、秦《しん》、漢《かん》、唐《とう》、宋《そう》、元《げん》というのは王朝の名で、中国は昔から「中国」なのである。

その中国の王朝の一つ、唐の歴史を書いた『新唐書』に「倭（国）が日本を併合し国号を奪った」とあるのだ。

実はそれより古い成立の『旧唐書《くとうじょ》』には「日本が倭（国）を併合したのだ」とまったく逆のことが書かれているが、そもそも戦乱期に成立した『旧唐書』には誤りが多いから、『新唐書』が新たに編纂されたのであって、やはり『新唐書』の記述の方が信頼できる。

ということは、陸奥国あたりの東北地方がもともとは「日本」であって、それを「倭（『古事記』ではこの字をヤマトと読む）」が征服し、国号を奪ったと考えた方が、私は自然だと思う。

それでこそ「日本中央」の意味もわかる。東北地方の中央こそ「日本中央」だったのだ。そして田村麻呂はそこを征服したからこそ「つぼのいしぶみ」を作ったのだ、と考えるのである。

奥州藤原氏を滅ぼした源氏の怨念

いずれにせよ、大和朝廷はこの地を「異国」と考えていたことは確かだ。

田村麻呂の征服後、陸奥国には鎮守府《ちんじゅふ》が置かれた。これは軍団の方面司令部のようなものだ。

現在の岩手県内には奥六郡（胆沢《いさわ》、江刺、和賀、紫波《しわ》、稗貫《ひえぬき》、岩手）が置かれ、秋田県内には山北《せんぼく》三郡（仙北、平鹿《ひらか》、雄勝《おがち》）が置かれ、それぞれ俘囚長《ふしゅうちょう》の安倍氏と清原氏が支配を任された。

俘囚というのは「大和朝廷に服属を誓ったエミシ」のことで、もちろん差別語だ。だから、このうちの安倍氏が「中央」から派遣された陸奥国司（陸奥守）に対して起こした反乱を「前九年の役」と呼んだ。

この戦いによって安倍氏は滅んだ。

そして、既に述べたように生き残った清原氏が内紛を起こし、これに「中央」から派遣された陸奥守源義家（八幡太郎義家）が介入して、結局清原氏が滅んだ戦いも「後三年の役」と呼ばれた。

このとき、清原氏に育てられていた、安倍氏と藤原氏の血を引く男が、最終的にこの地の支配者となった。それが藤原清衡《きよひら》で、後に金色堂《こんじきどう》を中心として平泉文化を築いた奥州藤原氏の始まりである。

一方、八幡太郎義家は骨折り損で、清衡という「トンビ」に「アブラゲ（陸奥国）」をさらわれるという結果に終わった。このときの深い怨念が、後に子孫の源頼朝をして「奥州征伐」に踏み切らせる遠因となっている。奥州藤原氏が滅ぼされたのは、なにも源義経をかくまった「罪」だけによるのではない。

そして頼朝以後、「中央」となった鎌倉から、この地に様々な武士が派遣された。

戦国の雄伊達《だて》政宗も、大崎、最上《もがみ》、葛西《かさい》といった戦国大名も、すべて「中央」から派遣され土着した人々で、エミシの子孫ではない。いわば、伝統文化は徹底的に破壊されたのである。

ところで、日本人は東北地方一帯を「米どころ」として認識している。しかし、これは正確には戦後（昭和20年以降）になってからだということはご存じだろうか？

米（水稲）はもともと熱帯原産だ。だから冷害には特に弱く、昔はこの地方では栽培されていなかった。

それを「米本位制」と共に押し付けたのが中央（大和朝廷と各幕府）である。だから、昔はこの地は極めて貧しく餓死者の多い地域であった。昭和に入ってすら、大冷害で「娘を売る」のが東北であった。二・二六事件の背景に東北農民の困窮があるのは間違いない。

それがなぜ変わったのか？

序にも書いたが、並河成資《しげすけ》という農林省（当時）の技官が品種改良で寒冷に強い「農林一号（水稲農林一号）」というイネを開発したからだ。ササニシキもコシヒカリもこの「一号」の子孫である。

それ以後、東北から「冷害」と「餓死」という言葉が消えた。しかし、今は彼の名を知る者も少ない。外国なら彼の誕生日は国民の祝日になっていたかもしれない。

第四章

特別編

蝦夷国
琉球王国
日本国

蝦夷国

日本国60余州という古い言い方がある。

今の47都道府県より多いのは、たとえば愛知県が尾張国と三河国に分かれたりしていたからだが、逆にこの60余州には入っていなかったのが蝦夷国《えぞのくに》（蝦夷地）と琉球《りゅうきゅう》王国だ。

この二つは正式には、明治になって日本の一部となった。そこで、この二つを「特別編」として取り上げる。決して差別的な意味ではないので、誤解のないように願いたい。

もちろん、蝦夷国とは現在の北海道のことだが、この地と「日本」のかかわりはなかなか複雑である。

日本列島に初めて生まれた統一政権は、大和《やまと》朝廷（天皇家）で4世紀中頃のことといわれるが、その時点では蝦夷国どころか、いわゆる東北地方も「日本」ではなかった。

そこで延暦13年（794）に平安京を築いた桓武天皇は、征夷大将軍という職を新たに設け、

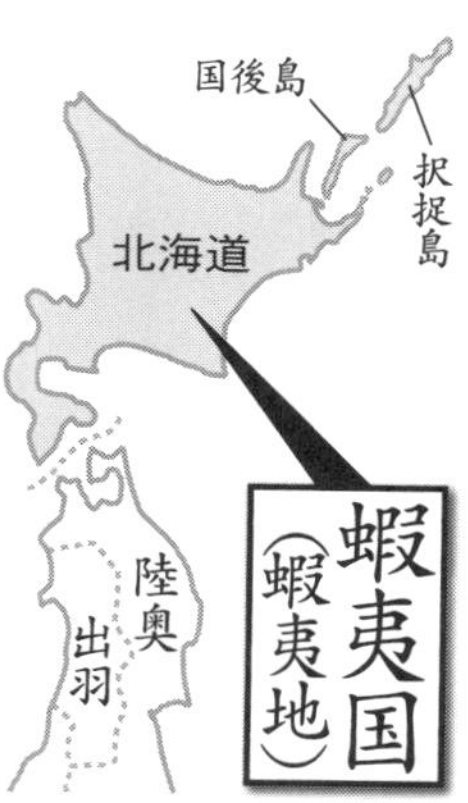

坂上田村麻呂をして東北の「征伐」にあたらせた。このとき、東北以北の地に住み、大和朝廷からは異民族とみられていた人々のことを「蝦夷（エミシ）」と呼ぶ。「蝦夷」を「エミシ」と読む場合と、「エゾ」と読む場合はまったく意味が違うので注意を要する。

陸奥国の項でも書いた通り、坂上田村麻呂は頑強な抵抗をくり返していたエミシの王アテルイをついに破った。それ以降、東北地方は日本の領域に組み込まれ、そこの住民は「俘囚《ふしゅう》」などという差別語で呼ばれることになった。

この「俘囚」の長が安倍氏、清原氏、奥州藤原氏なのだが、彼らは結局「日本文化」に同化してしまった。

独自の文化をもっていたアイヌ

ところが、この頃から「日本文化」とは別の文化をもつ民族が、日本人に認識されてくる。それが現在の北海道に（そして東北の一部にも）、古くから存在していたアイヌ民族なのである。

このアイヌ民族のことを日本人（和人）は、差別的な意味を込めて「蝦夷（エゾ）」と呼んだ。

しかし、大和朝廷はさらに兵を送って現在の北海道に渡り、彼らを征服し土地を奪おうとは考えなかった。本州と北海道を隔《へだ》てる津軽海峡は、昔の技術でも十分に渡れるぐらいの距離なのに、なぜ大和朝廷はそうしなかったのか？

寒過ぎたのではないか、というのも一つの有力な回答ではある。

だが北海道は、シベリアのように一年中土が凍っているわけではない。夏は結構快適だし花も咲く、冬は雪に閉ざされるがそれは東北も同じことだ。

やはり、当時の技術では米ができない、つまり稲作に適さない地であったことが一番大きいのではないか。大和朝廷にとって「土地」とは米が取れる場所をいう。これは後に武家政権になっても同じで、土地は「何万石（の米が取れる）」という形で評価された。

そういう意味でいえば、和人とはまったく別の狩猟・漁撈を中心としたライフスタイルをもつアイヌとは、津軽海峡を境にうまく住み分けができていたわけで、この時期はまさに蝦夷地はアイヌモシリ（アイヌの国）であった。

ところが、時代が下って日本の人口が増え国力が充実してくると、アイヌの不幸が始まった。米が取れなくても昆布やサケなど豊富な海産物を求めて、和人が海を渡って彼らの国の南端に住むようになったのだ。

蠣崎《かきざき》氏は武田氏の末裔《まつえい》という家系伝説をもつ一族だが、この国の豊富な物産に目をつけ、海を渡って松前《まつまえ》に本拠を置いた。

北海道は一般的に「梅雨」がないということになっているが、この地方は本州の気候と似ている部分があり、かつては「エゾツユ」と呼ばれた梅雨もある。寒さも雪も、内陸ほどは厳しくない。蠣崎氏は、豊臣秀吉からも徳川幕府からもこの地の大名として認められた。

こうして、和人とアイヌの「交流」が始まった。それは、まずアイヌが内陸でとるサケや熊などの獲物と、和人が生産する鉄器（刀や斧《おの》）などの便利な道具との物々交換という形で始まった。

アイヌは、いうまでもなく独自の文化をもっている。特に有名なのはユーカラであろう。これは先祖の歴史を叙事詩の形にして、口承つまり口伝えで悠久の昔から受け継がれてきたものだ。日本も『古事記』という文章化した歴史書ができる以前は、稗田阿礼《ひえだのあれ》が先祖の歴史を口承で伝えていたと記録されているので、これは文字以前の全民族共通の方法だったのだろう。

二つの争いに敗れたアイヌの悲劇

ところが、和人はこの「文字をもたない」アイヌを「劣等民族」として蔑視した。またアイヌは計算も苦手だったので、和人はこれをいいことに交易の際に物品をだまし取るようなこともしばしば行った。

こうした経緯もあって、アイヌは和人（シャモ）に対して激しい怒りを覚えるようになっていった。

アイヌと和人の衝突の最も大規模なものは、「コシャマインの乱」と呼ばれるものである。「乱」という言い方は「反乱」を意味し、和人が蝦夷地の領有権を確立していたことが前提になるので、「乱」といわず「戦争」というべきだという人もいるが、発端は次のようなものだった。

日本年号で康正2年（1456）というから、日本は室町時代で応仁の乱が始まる10年以上前のことだ。あるアイヌの少年が和人の鍛冶屋にマキリ（小刀）を注文した。アイヌは鉄器を作る技術がなかったので、切れ味の鋭い刀は和人に注文するしかなかったのだ。

ところが、この出来栄えで両者はケンカとなり、和人の鍛冶屋がアイヌの少年を刺し殺した。ケンカの当初、どちらに非があったかははっきりしないのだが、前後の経過からみて鍛冶屋の方が少年をだまそうとしたのが原因ではないかと推測される。そういうことが常に行われていたからだ。

「罪のない少年が殺された」とアイヌの怒りは爆発した。オシャマンベの首長コシャマインがリーダーとなって、和人の集落への攻撃が始まった。

これに対して、本州から渡ってきた若狭武田家の血を引くという武田信広が、和人側のリーダーとして抗戦し、信広自身がコシャマイン父子を討ち取るという挙に及んで、戦いはアイヌ側の敗北に終わった。

信広は蠣崎姓を名乗って、この地に土着した。江戸時代になる頃蠣崎氏は松前氏に改姓して、アイヌとの交易を独占したが、それにはこういう経緯があったのだ。

もっとも江戸時代に入ってすぐ、松前氏はアイヌとの交易権を独占したわけではない。江戸初期には様々なルートから交易を求めて、和人が蝦夷地に押し寄せてきた。平和になって商業が盛んになったからだ。

ところが、外部の人間と比べて松前藩の物々交換レートが不公平なことに気が付いた。こうした不満がくすぶる中、松前藩は藩の財政悪化を理由に交換レートをさらに不公平なものに「改訂」した。

ここで、当然のように不満が爆発した。

寛文9年（1669）、徳川四代将軍家綱の時代に、今度はシャクシャインという首長が、和人に対して攻撃を仕掛けたのである。

戦国時代の後だから松前藩は鉄砲で武装しており、これに対してシャクシャイン側は弓矢が主要な武器であったが、シャクシャインの巧みな用兵の前に松前藩は苦戦した。

ついに、松前藩は「和平を結ぼう」とシャクシャインを酒宴に招待し、その席で謀殺するという極めて卑劣な手段で事を収めた。

この結果、アイヌの組織的抵抗は完全に鎮圧され、松前藩はアイヌとの交易を独占し、搾取《さくしゅ》を重ねて彼らを弾圧し続けた。

南下してきた旧ロシアとソビエト

ところで、蝦夷国というとイコール今の北海道と認識している人が多いが、実はそうではない。北蝦夷といえば旧樺太《カラフト》（サハリン）の少なくとも南半分もそれに含まれていたのだ。その理由は簡単で、アイヌがそこにも居住していたからである。

幕末、当時のロシア帝国が南下政策をとり、しきりにこのあたりに関心を示していたので、幕府も間宮林蔵《まみやりんぞう》や近藤重蔵《こんどうじゅうぞう》らを派遣して、領土権の主張をした。つまり「われわれはアイヌを支配している。それゆえにアイヌの住んでいるところは我が日本の領土だ」という理屈である。しかしロシア側はそれを否定する。

こうした中、明治維新によって体制をリニューアルした日本は、この地における国境紛争を解決するため、ロシアと千島《ちしま》・樺太交換条約を結んだ。これは千島を日本領と確定する代わりに、南樺太の権利はロシア領と認めるということだ。それは、実は南樺太にいたアイヌを日本国内へ強制移住させたということでもある。明治8年（1875）のことだ。

後に日本が日露戦争で勝利した際、真っ先に南樺太を取り戻したのは、こういう経緯があったからだ。

そして、この間政府は北海道開拓使を設置し「内地」から大々的に日本人の入植を行うと共に「北海道旧土人保護法」を制定した。これは「保護法」とは名ばかりで、実質はアイヌ文化を否定し日本文化への同化を強制するものであった。

ただ、この法律自体はアイヌへの差別意識に満ちたものだが、「土人」という言葉自体は決して差別語ではない。「風土」の「土」と同じで、この「土」は「現地」という意味だ。

文豪芥川龍之介もその作品（『神神の微笑』）の中で、「日本人」という意味で、「土人」という言葉を使用している。この言葉については誤解や曲解をしている人がいるので、念のため述べておく。

以上のように、アイヌ・日本の交渉史は、日本史の中の汚点として厳しく認識しなければならないが、それと第二次世界大戦終了直前のドサクサにまぎれて、旧ソビエト連邦が、日本国有の領土である北方四島を不法に奪ったこと、またそれに抗議し続けて行くべきであることは、まったく別の次元の問題である。

琉球王国

日本は「単一民族国家」だ、などという人がいるが、もちろんこれは誤りで大和民族の他にアイヌ民族もいれば、これから述べる「琉球《りゅうきゅう》の民」もいる。

琉球王国が沖縄県となって、日本国の一部になったのは正式には明治以降だから、それまでは独自の道を歩んだ独立王国だったのである。

そこで、ここでは日本との共通性や、逆に琉球王国のもつ独自性に焦点をあてていきたいと思う。そうすることによって、琉球王国とはどんな国か、ということがより明確にみえてくると思うからだ。

まず、こういう事実がある。

今の中国人、それも極めて自己中心的な国家主義者つまり日本でいう「極右」にあたる人々、たとえば「チベットは中国固有の領土だ」などというデタラメ（チベットは中国侵攻までは独立

国だった）を叫ぶ人々のなかには、「沖縄も中国のものだ」という人もいる。もちろん、極めて少数派ではあるが、彼らの主張にも根拠はある。

それは、琉球王国がほぼ400年の長きにわたって中国（明と清）に朝貢《ちょうこう》していたという事実である。朝貢というのは、まず「貢物《みつぎもの》（献上品）」を賜る側（この場合は琉球）が、中国皇帝を「全世界の支配者」として認め、その臣下（家臣）になりたいという意思表示である。

その願いを聞き届けた皇帝は、貢物をもってきた地域の首長を「国王」に任命する。すなわち、ここにおいて中国皇帝と各国国王の間に主従関係が成立する。「親分」と「子分」の関係といってもいい。

たとえば、16世紀末に豊臣秀吉は朝鮮国に攻め入ったが、朝鮮国王（つまり中国皇帝の臣下）は、明（中国）に対し救援を求めた。明軍はただちに出動し、日本軍と交戦した。「親分」は、「子分」を守る義務があるのだ。

日本と類似点の多い琉球王国

ちなみに2000円札のデザインにも使われている沖縄首里《しゅり》城「守礼門（しゅれいのもん）」は、そこに掲げられている額に「守禮之邦《しゅれいのくに》」と書かれていることが、その名の由来なのだが、「守礼」とは「礼（儒教の体制）を守る」、つまり「中国体制の中の一国家」ということを意味している。

しかし、だからといって「沖縄が中国のもの」なら、1000年以上にわたって首長が国王（新羅国王、高麗国王、朝鮮国王）だった朝鮮半島も「中国のもの」ということになってしまう。だから、明らかにこれは言いがかりなのだが、そこが日本との最大の相違点である、ということもいえるだろう。

では、この点日本はどうだったかといえば、古代には邪馬台国の女王卑弥呼が中国（当時は魏）に朝貢して「親魏倭王（しんぎわおう）」の金印（未発見だが記録にある）をもらったように、中国皇帝の臣下であることを示す「国王」の称号をもらって喜んでいた。

しかし、大和朝廷が国を統一した後は「われわれは独立国で、中国の属国ではない」というプライドの方が強くなり、結局「天皇」という東アジアで唯一ともいえる、中国皇帝に対抗する首長を推戴《すいたい》する国となった。

つまり「天皇が支配する日本」「国王が支配する琉球」ということである。

では、共通点はどうかといえば、大いにある。

まずは言語だ。確かに琉球方言は慣れない人にとってみれば「外国語」のように聞こえるかもしれないが、文法のまったく違う中国語、文法は同じだが発音その他でまったく通じない朝鮮語（韓国語）に比べれば、日本語の中の一つ「方言」として受け入れられるものである。そして、文字も日本の「ひらがな・カタカナ」を採用している。

次に宗教だ。琉球王国では、代々の国王の姉妹や近い血縁者が聞得大君（きこえおおきみ）という女性神官の長になり、代々神を祀っていた。これはむしろ、古代日本もそうだったのではないかと思われる。そして今でも沖縄のあちこちには「御嶽（うたき）」と呼ばれる神を祀った「空間」

がある。

石造りの立派な御嶽もあるが、ほとんどのものは大木の根元に少し石を積んだだけとか、山の頂上の一部分だけとか、巨大な石が重なっているだけとか、まさに自然を神とした神聖な空間である。

これはもちろん、仏教でもなく儒教でもなく道教でもない。まったく同じとはいえないが、やはり日本の神道に一番近いものであるといえよう。

神聖な場所に造られたグスク

民族あるいは国家の「芯」となるのは、言語か宗教である。肌の色の違いなどの人種的特徴は、本来は二の次だ。アイデンティティーはこれが決める。

その二つにかなりの共通性があるのだから、少なくとも琉球は、政治的にはともかく民族的には中国よりは日本に近い国だといえよう。

「琉球」という名の方が古く、「沖縄」の名の方が新しいと思い込んでいる人も多いが、実は「漢字」はともかく、古くから「アコナハ（オキナワ）」という呼称はあったらしい。

逆に「琉球」という、いかにも中国風な名前は、この地が一つにまとまって、中国を意識したときに初めて出てきた名前なのだ。ただし、この名称自体は古くからあり、今の台湾を指していたという説もある。

その琉球を統一したのは尚巴志（しょうはし）で、永享元年（１４２９）のことだ。もっとも、それ以前に伝説的な王、舜天（しゅんてん）というのがいて、しかも父親は日本の源為朝だったという、「源義経・ジンギスカン説」を思わせる話も伝えられているのだが、これは伝説としておくべきだろう。

ただし、「義経・ジンギスカン説」は日本人がいい出したことで、モンゴル人は認めていないが、「為朝の子・舜天王」は琉球王国の歴史書にも取り上げられている。琉球の人にとって、頭から否定すべき話ではなかったということだ。

歴史上確実なことは、大きく三つに分かれ（三山《さんざん》という）、それぞれに王がいた琉球を一つにまとめたのが尚氏であり、尚氏は中国に朝貢して「琉球王国」と名乗ったということである。

そして、それまで中山王つまり三国の一つの王の城でしかなかった首里城を大々的に改修し、現在の首里城（復元）の原型を造ったとされる。

首里城を含めて、琉球王国の城のことを一般的に「グスク」と呼ぶ。グスクは日本人の城のイメージとは随分異なるものがある。

確かに城である以上、それは平時には政庁であり、非常時には要塞なのだが、グスクはそれだけではなく神殿の要素をもつ。つまり、宗教の祭祀施設でもあるのだ。

こういうと、本土人（沖縄ではこれを「ヤマトンチュー」と呼ぶ）は、城に神社を併設したように考えるのだが、実は違う。話はむしろ逆のようなのである。

逆というのは、まず御嶽のような神聖空間が昔から存在し、そういう地こそ国を守るにふさわしい場所だということで、それを囲む形で城（グスク）が後から造られたのではないか、ということだ。

本土だと、まず戦略上の要素が最も重視され、場合によっては神社が移転させられたりすることも珍しくはないが、琉球ではむしろ御嶽を守るために、グスクがあるような印象を受ける。

実は本土でも、いや世界でも昔はすべてそうであったのではないか。つまり「神」をきちんと信仰し、その聖域さえ守っておけば、国土も人民も安泰であるという発想だ。

「苛酷」だった近世以降の歴史

琉球王国にしても兵はいた。武器もあった。しかし、根本的には「神」に守られていると思っていたし、万一の場合は中国との「安全保障条約」も発動するはずであった。

先に述べたように、琉球王国と同じ冊封《さくほう》国（中国皇帝に朝貢し傘下に入った国）は、もし侵略されたら世界最強の中国軍が守ってくれるはずであった。

ところが、その大前提が崩れたのが、本土でいう「戦国時代末期」である。豊臣秀吉は明（中国）と戦った。明は朝鮮半島から日本軍を撃退したが、そのことでかなり国力を消耗し、結局遊牧民族の長ヌルハチに滅ぼされることになった。

明が最も衰えていた時期に、本土の薩摩藩は琉球王国に侵攻した。薩摩には大量の鉄砲と、戦国をくぐり抜けてきた武士がいた。琉球は長い平和で軍備も整っておらず、しかも明の援軍もまったく得られず、とうとう薩摩藩に武力で征服されてしまった。

しかし、琉球王国にとって幸いだったのは薩摩藩が琉球王国を使って、本土内では禁止されていた対外貿易の拠点にしようとしたため、形の上では「独立」を認めその風俗・習慣についても日本風に改めようとはしなかったことだ。明の後の中国王朝の清へも朝貢を認めた。朝貢すれば貿易の道が開けたからである。

だが、裏に回れば薩摩の琉球王国支配は、まさに列強が植民地に対して行ったように苛酷《かこく》なものだった。明治維新のときも、清は列強に痛めつけられ国力が低下していたので、日本は「琉球処分」の名のもとに琉球王国を正式に日本の沖縄県として強引に編入した。

このとき、独立王国としての琉球の未来はあったか？といえば、おそらくなかったろう。日本が併合しなくても、どこか別の国がそれを行ったに違いない。だからといって、日本の行為が100パーセント容認されるものではないが――。

太平洋戦争末期には、本土決戦がなかった代わりに沖縄決戦があり、多くの県民が犠牲となり、貴重な文化財が破壊された。このことは永遠に記憶されるべきである。だが、幸いなことに、かつての琉球王国の繁栄の象徴である首里城は、正殿が見事に復元され、周辺施設の復元整備も行われ、世界遺産にも登録されたのだが、2020年秋に不慮の火災で焼失してしまった。しかし現地では再建プロジェクトが始まっている。

日本国

本書は２００３年から２００９年かけて『月刊旅行読売』に連載した、日本の「旧国」に焦点をあてた「平成版人国記」をまとめたものだ。最後に日本国全体の、世界の国々と比較しての特徴を書いてみよう。

日本はいうまでもなく島国である。

大陸国家ではないから、面積は約38万平方キロメートルであり、同じ島国であるイギリス（約24万平方キロメートル）よりはかなり大きいものの、アフリカ大陸の東側に位置するマダガスカル共和国（約59万平方キロメートル）よりはかなり小さい。ちなみに国面積の順位でいえばマダガスカルが45位、日本は60位、イギリスは77位となる。

しかし、同じ島国でもおそらく日本唯一ともいえる特徴は、気候と風土が極めて多種多様であることだ。

日本国全図

一方で、スキーや本格的な冬山登山が楽しめ、その一方でスキューバダイビングなどのマリンスポーツが楽しめる。実はこんな国は世界にそれほどはない。

それどころか、国土が平地ばかりで山がない国とか、大半が砂漠であったり逆に深い密林であったり、山はあるが海はない（海に面していない）という国も珍しくない。

しかし、日本という国には、世界のあらゆる環境が揃っているといっても過言ではない。

北極の氷山はないがオホーツクの流氷を見ることができるし、灼熱《しゃくねつ》の砂漠はないが鳥取には砂丘がある。広い砂浜なら至るところにある。そういう意味でいえば、日本は「地球のミニチュア」でもある。ここで育てば、世界のどこへ行っても、それほど驚かないだろう。

外国でお茶が盛んになった理由

逆に驚くこと、世界の常識ではないことはあるだろうか？

私はそれは「水」だと思う。

明治以降の近代化、工業化の流れの中で、何事も「水に流せばよい」とばかりに天然の川を汚し続けた結果、昔のように「どの川でも水を汲んで飲める」という、おそらく世界中どこの国にもない美点は失われてしまった。

しかし、それでも日本は世界有数の水の綺麗《きれい》なおいしい国である。

たとえば、世界の国々には、それを代表する川がある。中国でいうなら黄河や揚子江、東南アジアならメコンやメナム、インドならガンジス、ヨーロッパならライン、セーヌ、テムズといったところか。

しかし、これらの川はたとえ何百年遡ろうと、決して手ですくって飲むわけにはいかない。そんなことをしたら、いっぺんに腹を下して病気になるだろう。

「お茶」というものは中国人の発明である。しかし、中国人がなぜ茶を発明する必要があったのか、多くの日本人は気づいていない。それは「水がマズい」いや「そのまま飲むのは危険」だからである。

そこでまず煮沸《しゃふつ》する。しかし、煮沸は有効な消毒手段ではあるが、水をおいしくするわけではない。そこで、植物の葉を刻んだものを入れてマズい水をいかにうまくして飲めるか、というのが茶の必要とされた理由だったのだ。

だから、とびきり水のマズい国に住んでいるイギリス人は、古くから東洋の茶を求めアヘン戦争まで起こした。植民地時代のインドに大々的に紅茶を作らせたのもそのためだ。

そのイギリスの植民地からアメリカが独立したのは、高い茶を売りつけられたことがきっかけとなった。アメリカ人なら誰でも知っている「ボストン茶会事件」である。

しかし、アメリカだって水はうまくない。そこで、植物の葉の代わりに植物の実（豆）を挽《ひ》いて粉状にしたものを湯に入れて飲んだ。コーヒーである。イギリス人のライバルのフランス人もコーヒーを飲んでいる。

今でこそ、そのフランス産の「エビアン」やアメリカ産のミネラルウォーターがブームだが、そんなものは地面を深く開削する技術が実用化される近代までは、まったく不可能だった。限られた人間が、井戸水や岩清水《いわしみず》を飲んでいただけなのだ。

日本の「水」のもう一つの魅力

ところが、日本では、どこへ行っても岩清水がある。日本の川というのは、岩清水が川になったと思えばいい。

これは日本列島が東西に長く、しかもその中央に背骨のような高山群があるという、独特の地形の賜物《たまもの》である。中国大陸からくる寒気が、この「壁」にぶつかり雪となって日本海側に降る。日本海側にとっては大迷惑ではあるが、その結果、天然のメカニズムで蒸留された水が保水力のある山々に蓄積される。それが春と共に少しずつ解けて、日本の国土を潤《うるお》すのである。

こういうのを、地中から出る硬水に対し軟水というが、おそらく日本は世界一軟水の豊富な国である。そして、これだけなら、まだ世界には「ウチの国だって水は豊富だ」と反論できる国があるかもしれない。

しかし、実はもう一つ、日本の水は素晴らしいのだ。それは世界一といってもいい温泉王国だからだ。環境省の統計では、この狭い島国の中に3000以上もある。この他に、山の湧き水的な露天風呂一つの温泉まで加えたら、一体いくつになるのか見当もつかないほどである。

温泉、山、海……自然に恵まれた国

温泉というのは、いうまでもなく火山活動の副産物だ。ということは、火山が多く火山帯がある国でなければ、いい温泉は出ないのである。

中国大陸はあれだけ広いが、いい温泉は少ない。朝鮮半島もそうだ。だからこれらの国からの観光客の目当ての一つは温泉である。

世界にも温泉が豊富な国はある。だが、そういう国は大概飲料水はマズい。温泉の中にも飲用に適するものもあるが、ほとんどは「飲めば毒」になるものばかりだ。

ご存知かもしれないが、温泉はすべて硬水である。ミネラルウォーターと呼んでもいい。硬水が豊富な国は軟水が乏しく、軟水が豊富な国は硬水（温泉）に恵まれない、というのが世界の常識である。

だいたい水道水がそのまま飲用に適する国の方が、はるかに少ないのだ。それを考えれば、いかに日本が水に恵まれた国であるかがわかるだろう。

清流がある。その清流でしか生きられないアユ、ヤマメ、イワナという、外国ではあまり見かけない魚が、多数生殖している。

一方、火山がときどき爆発するため、優美な形の山があちこちに出現する。旧国名をとった「近江富士」とか「讃岐《さぬき》富士」とか呼ばれる山もある。そうした山々の中核に存在するのが富士山であり、しかもこの山は日本一の高さを誇る。

日本という国が景観に恵まれているのも、山々を巡る清流の浸食作用と、火山の爆発による造山作用があるからだ。今、造山といったが、川を堰《せ》き止めることもある。上古の昔、富士山の爆発によって川が分断されて生まれたのが富士五湖である。こうしたことが、国土の多様化を演出している。

また海に面する地域も、大洋に接する断崖があるかと思えば、瀬戸内海のような多島海における、あるいは三陸のようなリアス式海岸の巧みな自然の造形が見られる。

「和を以《も》って貴《たっと》し」とする日本人

そして、この風光明媚な山紫水明《さんしすいめい》の国の最大の美点は、何事にも和を重んずる日本人だと思う。この国の人々は昔から争いを好まなかった。確かに、侵略もあったし内戦もあったが、ヨーロッパやイスラム社会の苛烈なものに比べれば、この国の人々はお互いの個性を尊重しつつ、平和に暮らしていた。

もちろん、欠点もある。

その一つは、島国根性とヤユされるように、ひとりよがりの独善性があることだろう。また、「よそ者」を迎え入れない排他性もある。

ある外国人の評論家は「日本人は世界で最も完璧な差別をする人々である。しかし、その差別があまりにも完璧なので問題が生じない」といったという。おそらく、読者の大半は「えっ、日本人は差別などしないよ」と心外そうにいうだろうが、この評論家のいうことは私には理解できる。

要するに日本人は、白人であろうと黒人であろうと、ユダヤ人であろうとキリスト教徒であろうと、「ガイジンさん」としては平等に扱う。だから、一見差別がないようにみえるが、一歩踏み込んで日本人になろうとすると極めて大変だ、ということだ。

私の友人（白人）は相当日本語が上手いのだが、いくら日本語で話しかけても日本人は英語で返してくるので困ったという経験をもっている。もちろん、それは日本人の親切心の表れでもあるのだが、広い意味の「差別」であるということも事実であろう。

そして、日本人には部落差別という、克服すべき「病」もあるのだが、それについてはまた別の機会に譲ることにする。

とにかく、多くの日本人自身が自覚しておらず、外国に行って初めて痛感することだが、日本ほど豊かで恵まれた国はないかもしれないのだ。石油が産出しないとはいうが、産油国の多くは飲料水に乏しい。資源大国は、決して恵まれた国とはいえない。

やはり本当に恵まれた国というのは、住民にとって住みやすい気候・風土をもった国のことではないだろうか――。

巻末付録

その土地の歴史、風土を今に語り継ぐ
日本100名城・続日本100名城一覧

日本には、古代の柵や中世の館から織豊時代以降の天守まで、
さまざまな城や城跡が存在します。
山城から平山城《ひらやまじろ》、平城《ひらじろ》に移行すると城下町が形成され、
その町並みを今に伝えているところもあります。
城や城跡を訪ねれば、遺構、地形、自然などから歴史を感じとることができるでしょう。
その土地の風土、変遷を知るうえで今も重要な城・城跡。
歴史を物語る全国各地の城の中から、
ここでは、選りすぐりの「日本１００名城」と「続日本１００名城」を国別に紹介します。

※「日本１００名城」「続日本１００名城」とは、「日本が世界に誇る文化遺産であり地域の歴史的シンボルである城郭が、青少年教育や生涯学習の場、さらに子どもたちの総合的な学習の場としても活用されること」をねらいに、公益財団法人日本城郭協会が選定した。
全国に４万とも５万ともいわれている城郭遺跡の中から、２００６年に「日本１００名城」が、そして２０１７年には「続日本１００名城」が、それぞれ決定した。

五畿

●大和国

高取城【日本100名城】 奈良県高取町

南北朝時代に越智邦澄《おちくにずみ》が築き、本多太郎左衛門、利朝親子が近世城郭へ修築。岩村城、備中松山城と近世における三大山城の一つともいわれる。

大和郡山城【続日本100名城】 奈良県大和郡山市

天正8年（1580）、織田信長配下の筒井順慶《じゅんけい》が築城。天正13年（1585）に豊臣秀吉の弟・秀長が100万石で入封。享保《きょうほう》9年（1724）以降は柳澤氏が城主。

宇陀《うだ》松山城【続日本100名城】　奈良県宇陀市
南北朝期から戦国時代の秋山氏の居城であった秋山城がルーツ。豊臣家配下の多賀秀種が大改修。関ヶ原の戦い後、福島氏治が松山城と改名。大坂の陣後に廃城。

●山城国

二条城【日本100名城】　京都府京都市
徳川家康が慶長6年（1601）に儀礼施設として築城。家光が後水尾《ごみずのお》天皇行幸を迎えるため、本丸御殿や五重天守などを築き完成させた。二の丸御殿が現存。世界遺産。

●河内国

千早《ちはや》城【日本100名城】　大阪府千早赤阪村
鎌倉時代末期に楠木正成《くすのきまさしげ》が築城、鎌倉幕府滅亡の足掛かりとなる幕府の大軍を迎え撃った城。南北朝時代、畠山《はたけやま》氏に攻略され廃城。

飯盛城【続日本100名城】　大阪府大東市・四條畷市
16世紀半ばに河内守護・畠山氏の家臣・木沢長政が築城。後に長政を討ち取った三好長慶《みよしながよし》が幕政の実権を握り、飯盛城で政務を執った。

●和泉国

岸和田城【続日本100名城】　大阪府岸和田市
築城時期不明。紀州街道と大坂湾の水上交通を押さえた城。現在地より北東約500メートルの位置にあった岸和田古城から戦国時代に移ったとされる。

●摂津国

大阪城【日本100名城】　大阪府大阪市
豊臣秀吉が天正11年（1583）に築城を開始、五重八階の天守を設置。後に徳川秀忠がより豪華な徳川大坂城天守を築く。現天守は徳川期天守台に豊臣期天守を復元。

芥川山城《あくたがわさん》【続日本100名城】　大阪府高槻市
細川高国《たかくに》が築城し、摂津守護・細川氏の守護所に準ずる場として機能した。三好長慶の入城後は、畿内を支配した政権の所在地となる。

山陽道

●播磨国

明石《あかし》城【日本100名城】　兵庫県明石市

西国の諸大名への備えとして元和《げんな》3年（1617）、2代将軍・徳川秀忠の命で小笠原忠真《ただざね》が築城。4基あった三重櫓のうち2基が現存。

姫路城【日本100名城】　兵庫県姫路市

南北朝時代の初めに築城、羽柴秀吉が近世城郭へと修築して姫路城と改称。徳川家康の娘婿・池田輝政が現在の姿に改修。現存天守群は国宝。世界遺産。

赤穂城《あこう》【日本100名城】　兵庫県赤穂市
創築については不明。浅野長直《ながなお》が折れを多用し、甲州流、山鹿流《やまが》の軍学を用いて近世城郭に整備した赤穂藩主の居城。本丸門や庭園が復元されている。

●備前国

岡山城【日本100名城】　岡山県岡山市
金光《かなみつ》氏の居城が前身。その城を宇喜多直家《うきたなおいえ》が略奪、子の秀家が改修。関ヶ原の戦い後には小早川秀秋、池田氏が整備。後楽園で知られる。

●備中国

備中松山城【日本100名城】　岡山県高梁市
延応《えんおう》2年（1240）に秋庭《あきば》重信が築いたものが前身とされる。交通の要衝を守る毛利家の城塞として機能。江戸時代に小堀《こぼり》氏、水谷《みずのや》氏が改修。現存天守は国の重文。

鬼《き》ノ城【日本100名城】　岡山県総社市
7世紀の築城と考えられる古代山城。日本書紀などにも記載のない、総社平野を見下ろす鬼城《きのじょう》山《ざん》に築かれた謎多き城。

備中高松城【続日本100名城】 岡山県岡山市

備中松山城主・三村元親《もとちか》の命で石川久式《ひさのり》が築城したとされる。久式の死後は娘婿の清水宗治が城主になった。羽柴秀吉の水攻めで知られる。

●美作国

津山城【日本100名城】 岡山県津山市

関ヶ原の戦い後、森忠政が慶長9年(1604)から13年をかけて完成させる。一二三段《ひふみだん》で築き上げられた平山城。高石垣や天守台、櫓台が残る。

●備後国

福山城【日本100名城】 広島県福山市

元和5年(1619)、徳川家康の母方縁者である水野勝成が築城。海陸路の要衝地に築かれた西国監視の重要拠点。京都・伏見城から移築したと伝わる櫓が残る。

三原城【続日本100名城】広島県三原市
毛利水軍の拠点、別名浮き城。毛利一門の小早川隆景が構築した水軍の要害がルーツ。織田信長の中国攻めの際は毛利輝元が本陣を置いた。

●安芸国

郡山城【日本100名城】広島県安芸高田市
14世紀中頃、地頭・毛利氏が築城。戦国大名・毛利氏の居城。16世紀中期に尼子氏の侵攻を受けた毛利元就が西日本最大級の中世山城に整備し強化。

広島城【日本100名城】広島県広島市
天正17年（1589）、毛利輝元が築城。輝元の萩転封後、福島正則が幕府に無断で石垣を修築して改易、浅野氏が入封した。原爆により天守が倒壊。

新高山城《にいたかやま》【続日本100名城】広島県三原市
毛利元就の三男・小早川隆景が代々の居城であった高山城から約800メートルの距離、沼田《ぬた》川の対岸に築城。隆景が三原城に本拠を移したことで廃城。

●周防国

岩国城【日本100名城】　山口県岩国市

関ヶ原の戦い後、周防国内の山陽道東部を押さえる要衝の地に吉川広家《きっかわひろいえ》が築城。麓の居館と城下町とをアーチ型の五連木橋、錦帯橋《きんたいきょう》が結ぶ。

大内氏館・高嶺城《こうのみね》【続日本100名城】　山口県山口市

周防、長門の守護・大内氏の館の詰城として大内義長が築城を開始。その後、山口に侵攻した毛利氏が完成させた。一国一城令により廃城。

●長門国

萩城【日本100名城】　山口県萩市

関ヶ原の戦いで敗れ、広島から萩に移された毛利輝元が慶長9年（1604）、中世城郭的な構成で築城を開始。指月山《しづきやま》の麓に堀と天守台が残る。

山陰道

●丹波国

篠山城《ささやま》【日本100名城】　兵庫県篠山市
大坂城の豊臣氏への対策として、慶長14年（1609）に徳川家康が大坂、京都から山陽、山陰に通じる交通の要衝に天下普請《ぶしん》で築城。

福知山城【続日本100名城】　京都府福知山市
丹波の土豪《どごう》・横山氏が築いた横山城がルーツ。丹波を平定した明智光秀がその跡地に築城し、福知山と命名した。後に朽木《くつき》氏が城主になる。

黒井城【続日本100名城】 兵庫県丹波市
建武《けんむ》2年（1335）に赤松貞範が築城。後に荻野氏が入城、その養子・赤井直正が養父から城を奪う。明智光秀の丹波攻めで落城し、小牧・長久手の戦いの後に廃城。

●但馬国

竹田城【日本100名城】 兵庫県朝来市
嘉吉《かきつ》年間（1441～44）、山名宗全の命で太田垣氏が築城。羽柴秀吉が攻略。赤松広秀が総石垣の城に修築。広秀が徳川家康に切腹を命じられ、廃城。雲海の風景が有名。

出石《いずし》城・有子山《ありこやま》城【続日本100名城】 兵庫県豊岡市
織田軍の侵攻を受けた山名氏が有子山城を築城、豊臣秀長の攻撃で落城。後に山上の有子山城を廃城した小出《こいで》氏が麓にある居館などを出石城として改修。

●因幡国

鳥取城【日本100名城】 鳥取県鳥取市
戦国時代後半の築城とされる。天正9年（1581）の羽柴秀吉の兵糧攻めで知られる。戦国時代から江戸時代にかけて改築されたので、各時代の遺構が残る。池田氏32万石の居城。

若桜《わかさ》鬼ヶ城【続日本100名城】　鳥取県若桜町
正治《しょうじ》2年（1200）に矢部暉種《あきたね》が築いた城館がルーツとされる。尼子、毛利、織田氏が争った城。一国一城令に従って廃城。

●**伯耆国**

米子城【続日本100名城】　鳥取県米子市
応仁・文明の乱（1467〜77）の頃、山名氏が築城。戦国時代は尼子氏が支配。毛利氏の山陰平定により吉川広家が近世城郭の築城を開始。関ヶ原の戦い後、中村一忠《かずただ》が完成させた。

●**出雲国**

松江城【日本100名城】　島根県松江市
慶長12年（1607）に堀尾吉晴が築城着工。四重五階、地下一階付きの天守は石落としなど実戦重視の工夫が施された。現存12天守の一つで国宝。

月山富田城《がっさんとだ》【日本100名城】　島根県安来市
創築時期不明、戦国大名・尼子氏の居城。永禄9年（1566）、毛利元就《もとなり》の攻略で開城。その後、堀尾吉晴が近世城郭に改修するが、松江に居城を移し廃城。

●石見国

津和野城【日本100名城】　島根県津和野町
永仁《えいにん》3年（1295）頃に鎌倉幕府から石見防衛を命じられた能登の豪族・吉見頼行《よりゆき》が築城。関ヶ原の戦い後に入城した坂崎直盛が近世城郭へ改修し、亀井氏が城下町を整備。

浜田城【続日本100名城】　島根県浜田市
徳川頼宣《よりのぶ》の和歌山転封に伴い、伊勢国から国替えとなった古田重治が外様大藩の長州毛利氏との境である要地に築城。慶応2年（1866）の第2次幕長戦争では、長州軍の攻撃により落城。

南海道

●紀伊国

和歌山城【日本100名城】　和歌山県和歌山市
天正13年（1585）に羽柴秀長が築いた居館がルーツ。関ヶ原の戦い後、浅野幸長《よしなが》が修築。徳川家康の十男・頼宣が拡張させた紀伊徳川家の居城。

新宮《しんぐう》城【続日本100名城】　和歌山県新宮市
紀伊和歌山城主・浅野幸長の家老・浅野忠吉が築城を開始。浅野氏が転封後は水野重央《しげなか》が築城工事を引き継ぎ、2代・重良《しげよし》が完成させる。

赤木城　【続日本100名城】　三重県熊野市
藤堂高虎が築いたとされる織豊系の平山城。太閤検地への抵抗のため奥熊野の地侍が蜂起したと伝わる北山一揆鎮圧のための拠点。

●淡路国

洲本城　【続日本100名城】　兵庫県洲本市
16世紀前半、淡路水軍を率いた安宅《あたぎ》氏が築城、池田輝政が廃城に。大坂の陣後、交通の便の悪さから蜂須賀至鎮《はちすかよししげ》が由良城より再び洲本に城と町を移した。〝由良引け〟と呼ばれている。

●阿波国

徳島城　【日本100名城】　徳島県徳島市
豊臣秀吉から阿波国を与えられた蜂須賀家政《いえまさ》が築城。山頂の本丸ではなく一段下の東二の丸に天守が再建されたが、その理由は不明。表御殿庭園が残る。

勝瑞《しょうずい》城　【続日本100名城】　徳島県藍住町
阿波守護・細川氏の守護所があったとされる。その後、実権を握った三好氏も勝瑞を本拠地とした。築城時期は不明。長宗我部氏の攻略により廃城。

一宮城《いちのみや》【続日本100名城】　徳島県徳島市
阿波守護・小笠原氏の一族・一宮氏の築城とされる。豊臣秀吉の四国攻めの戦場の一つ。平定後に国主となった蜂須賀氏により改修が行われた。

●**讃岐国**

高松城【日本100名城】　香川県高松市
天正16年（1588）、羽柴秀吉から讃岐一国を与えられた生駒親正《いこまちかまさ》が築城開始。松平頼重が天守を三重四階地下一階付きに改築。月見櫓、艮櫓《うしとら》が現存。

丸亀城【日本100名城】　香川県丸亀市
慶長2年（1597）、生駒親正、一正の父子が築城開始。元和の一国一城令で廃城となるが山崎氏、京極氏が再建。現存天守は国の重文。石垣の名城。

引田《ひけた》城【続日本１００名城】　香川県東かがわ市
大内氏家臣・寒川《さんがわ》氏に属する四宮氏、三好氏家臣・矢野氏、豊臣秀吉の家臣・生駒親正らの居城。阿波、讃岐の国境を守備した。海に面した城山の上に石垣が残る。

●土佐国

高知城【日本１００名城】　高知県高知市
南北朝時代の大高坂松王丸《おおだかさまつおうまる》居城跡に山内一豊《やまうちかつとよ》が築城。享保《きょうほう》12年（１７２７）の大火で焼失した天守は寛延《かんえん》２年（１７４９）に再建。天守と本丸御殿が現存。国の重文。

岡豊《おこう》城【続日本１００名城】　高知県南国市
四国を統一した長宗我部氏の本拠地。築城は15世紀頃とされる。元親《もとちか》が浦戸《うらど》城を築いて本拠を移したことで廃城となった。

●伊予国

今治《いまばり》城【日本１００名城】　愛媛県今治市
慶長7年（１６０２）、藤堂高虎が直線的な城壁、高石垣、広大な水堀で構築。本丸には、日本初となる層塔型の五重天守が建てられた。堀に海水を引き込んだ海城。

湯築《ゆづき》城【日本100名城】　愛媛県松山市

南北朝時代に築城。室町期以降、河野氏の伊予国守護所。天文《てんぶん》4年（1535）に河野弾正少弼《だんじょうしょうひつ》通直《みちなお》が改修。豊臣秀吉の四国平定で開城し、福島正則が入城。

松山城【日本100名城】　愛媛県松山市

関ヶ原の戦い後、伊予を与えられた加藤嘉明が築城。安政元年（1854）に火事で焼失した天守を再建。天守を含む21棟の現存建造物が国の重文。

大洲《おおず》城【日本100名城】　愛媛県大洲市

14世紀前半、宇都宮豊房の築城とされる。豊臣秀吉の四国平定後、戸田氏、藤堂氏、脇坂氏、加藤氏と城主が代わる。4棟の現存櫓は国の重文。

宇和島城【日本100名城】　愛媛県宇和島市

慶長元年（1596）、藤堂高虎が板島丸串《いたじままるぐし》城の跡地に築城着工。高虎移封後、富田氏を経て、伊達政宗の庶長子・秀宗が入城。以後、伊達氏の居城に。国の重文。

能島《のしま》城【続日本100名城】 愛媛県今治市

14世紀中頃以降の築城と伝わる村上水軍の三家の一つ、能島村上氏の拠点。小早川隆景に従って筑前に移ったことにより廃城になったといわれる。

河後森《かごもり》城【続日本100名城】 愛媛県松野町

伊予と土佐の国境に築かれた。河原淵教忠《かわらぶちのりただ》や小早川氏、藤堂氏、富田氏らの居城。江戸時代には伊予宇和島藩の家老・桑折《こおり》氏の居城。

西海道

●豊前国

小倉城【続日本100名城】福岡県北九州市
永禄12年(1569)、安芸毛利氏が築城。豊臣秀吉の家臣・毛利勝信が改修、江戸時代初期には細川忠興《ただおき》が現在の姿に大改修を行った。

中津城【続日本100名城】大分県中津市
天正16年(1588)に黒田孝高《よしたか》が着工。関ヶ原の戦い後に細川忠興が改修をして隠居城とした。細川氏の転封後は小倉城の支城から中津藩として独立。

●豊後国

大分府内城【日本100名城】　大分県大分市
慶長2年（1597）に福原直高が築城を開始。関ヶ原の戦い後、竹中重利が創建時の望楼型天守から層塔型へと改修。櫓が現存している。

岡城【日本100名城】　大分県竹田市
文治《ぶんじ》元年（1185）に緒方氏が築いたとされる。元徳3年（1331）に志賀貞朝《さだとも》が城を拡張。文禄3年（1594）、中川秀成《ひでしげ》が近世城郭に改修。歌曲荒城の月のモデルといわれる。

角牟礼《つのむれ》城【続日本100名城】　大分県玖珠《くす》町
弘安年間（1278～88）に土豪・森氏が築城したといわれる。大友氏の時代には島津氏の攻撃を受けるも落城を免れた。礎石や石垣が今に残る。

臼杵《うすき》城【続日本100名城】　大分県臼杵市
豊後のキリシタン大名・大友宗麟《そうりん》が弘治2年（1556）に築城。城内には礼拝堂などのキリスト教施設が存在した。島津氏の軍勢を退けた堅城。西南戦争で落城。

●肥後国

熊本城【日本100名城】　熊本県熊本市
千葉城、隈本《くまもと》城が築かれた茶臼山に慶長6年（1601）、加藤清正が築城を開始。慶長12年（1607）に完成。西南戦争で西郷軍の攻撃を耐え抜いた堅固な城。

人吉《ひとよし》城【日本100名城】　熊本県人吉市
建久9年（1198）に人吉荘の地頭・相良《さがら》長頼《ながより》の築城とされる。天正17年（1589）、相良長毎《ながつね》が改修。慶長6年（1601）に本丸、二の丸などを建造。

鞠智《きくち》城【続日本100名城】　熊本県山鹿市・菊池市
文武天皇2年（698）修復が行われたと続日本紀に記載がある古代山城。八角形建物跡、72棟の建物跡、貯水池跡などから、政庁や補給基地であったとされる。

八代《やつしろ》城【続日本100名城】　熊本県八代市
大地震で倒壊した麦島城に代わり、元和8年（1622）に加藤氏が築いた熊本城の支城。細川氏の時代には筆頭家老の松井氏が城代となった。

●日向国

飫肥城《おびじょう》【日本100名城】 宮崎県日南市

享徳《きょうとく》元年（1452）、島津季久《すえひさ》が飫肥城へ入城した記録が残る。伊東氏と島津氏とが領有を争った。伊東氏は豊臣秀吉、徳川家康により領土を安堵された。

延岡城【続日本100名城】 宮崎県延岡市

高橋元種が築いた縣《あがた》城が前身。高橋氏改易後、有馬氏が入封、地名も延岡に変わった。千人殺しと呼ばれる敵大軍を倒す仕掛けのある石垣が残る。

佐土原《さどわら》城【続日本100名城】 宮崎県宮崎市

南北朝期から室町時代前半に日向伊東氏の一族・田島氏が築城。天文6年（1537）に焼失するが伊東義祐《よしすけ》が再建し、伊東48城の中心となる。後に島津氏が居城とした。

●大隅国

志布志《しぶし》城【続日本100名城】 鹿児島県志布志市

南北朝時代の記録に救仁院《くにいん》志布志城という城名の記載がある。内《うち》城、松尾城、高《たか》城、新《しん》城の4

城郭で構成。肝付《きもつき》氏、楡井《にれい》氏、島津氏などが戦った山城。

●薩摩国

鹿児島城【日本100名城】　鹿児島県鹿児島市
島津家久が慶長6年（1601）頃に築城を開始。明治6年（1873）に本丸を火災で焼失。明治10年（1877）に西南戦争で二の丸も焼失。

知覧《ちらん》城【続日本100名城】　鹿児島県南九州市
城年代不明。鎌倉時代は郡司・知覧氏、南北朝時代は島津氏の流れをくむ佐多《さた》氏が統治。室町時代、今給黎久俊《いまきいれひさとし》に城を追われるものの佐多氏が再び奪還。

北陸道

●若狭国

佐柿国吉城《さがきくによし》【続日本100名城】 福井県美浜町

若狭守護で武田氏の重臣・粟屋勝久が築城。朝倉氏の侵攻を何度も退けた。平時は麓の館にて政を行い、戦時には山頂の詰城に籠って戦う典型的な中世山城。

●越前国

丸岡城【日本100名城】 福井県坂井市

柴田勝家の甥・勝豊が築いたとされる。瓦が凍結して破損するのを防ぐため、石瓦が使用された天守屋根の唯一の現存例。国の重文。

一乗谷城《いちじょうだに》【日本100名城】　福井県福井市
朝倉孝景《たかかげ》が越前守護・斯波《しば》氏を攻略して一乗谷川沿いを拠点としたことに始まる。麓の城下町と詰城の山城で構成される。織田信長の攻撃で朝倉氏は滅亡。城も消滅。

福井城【続日本100名城】　福井県福井市
柴田勝家の北庄城跡に徳川家康の二男・結城秀康が築城。約2キロメートル四方に及ぶ広大な城域を多くの水堀が巡る。松平忠昌の時に福居（福井）城に改名。

越前大野城【続日本100名城】　福井県大野市
織田信長の家臣・金森長近が築城。江戸時代には越前松平氏の支城となるが、後に大野藩として独立。天和2年（1682）以降は譜代大名・土井氏の居城に。雲海の風景が有名。

玄蕃尾城《げんばお》【続日本100名城】　福井県敦賀市、滋賀県長浜市
天正10年（1582）に築城。翌11年の賤ヶ岳《しずがたけ》の戦いで、柴田勝家が羽柴秀吉と対決するために本陣を置いた山城。

●加賀国

金沢城【日本100名城】　石川県金沢市

加賀一向一揆の拠点であった金沢御堂を攻略した佐久間盛政がこの地に築城。前田利家が近世城郭に改修を行った。

鳥越城【続日本100名城】　石川県白山市

天正年間（1573～92）、鈴木出羽守が築城したと伝わる加賀一向一揆の軍事拠点。織田軍が攻略し、天正8年（1580）に落城。

●能登国

七尾城【日本100名城】　石川県七尾市

戦国時代前期に築城。七つの尾根にまたがっていることが、その名の由来といわれる。能登守護・畠山《はたけやま》氏の居城で、上杉謙信が攻略した。

●越中国

高岡城【日本100名城】　富山県高岡市

富山城の焼失により加賀前田家2代当主・前田利長が慶長14年（1609）に築城。縄張はキリシタン大名・高山右近《うこん》が行ったと伝わる。

富山城【続日本100名城】　富山県富山市

神保長職《じんぼながもと》が築城したとされる。後に加賀藩前田氏が改修。周囲を河川と水堀で二重に囲み、天然の要害である神通川を守りとした梯郭《ていかく》式の平城。

増山城【続日本100名城】　富山県砺波市

築城年代は不明だが、南北朝時代に前身とされる和田城の存在が文献に残る。越中に侵攻した上杉謙信を籠城して撃退するも、再侵攻により落城。

●越後国

新発田《しばた》城【日本100名城】　新潟県新発田市

慶長3年（1598）、溝口秀勝が旧新発田館跡に築城を開始、3代宣直《のぶなお》が完成させた。平成16

年（２００４）、T字型の屋根に3匹の鯱《しゃち》を備える三階櫓を復元。

春日山城《かすがやま》【日本１００名城】　新潟県上越市
築城者不明。戦国時代に越後守護代・長尾為景《ためかげ》と子の長尾景虎（上杉謙信）が修築。春日山の地名は春日神社（奈良県）に由来するという。

村上城【続日本１００名城】　新潟県村上市
室町時代の本庄氏の築城で、村上氏が近世城郭に改修。東日本では珍しい総石垣造りの平山城。江戸時代、堀氏が天守を新造する大改修を行った。

高田城【続日本１００名城】　新潟県上越市
徳川家康の六男・松平忠輝が築城した。天下普請により4か月で完成した城は、広大な水路と高い土塁で守られていた。

鮫《さめ》ヶ《が》尾《お》城【続日本100名城】　新潟県妙高市
御館の乱で上杉謙信の養子である景勝と景虎が衝突し、景虎は敗死。16世紀以前の遺物も検出されていることから原型となる城館が存在していたとされる。

東海道

●伊賀国

伊賀上野城【日本100名城】　三重県伊賀市

天正13年（1585）、筒井定次が築く。築城の名手、藤堂高虎が徳川家康の命で改修を行った。大坂城の豊臣秀頼を意識しての改修とされる。

●伊勢国・志摩国

松阪《まつさか》城【日本100名城】　三重県松阪市

天正16年（1588）に蒲生氏郷《がもううじさと》が松ヶ島城に代わる城として築城。楽市《らくいち》・楽座《らくざ》を設け、城下町を整備した。野面《のづら》積みの石垣が残る。

津城【続日本100名城】　三重県津市
織田信長の弟・信包《のぶかね》が築城。関ヶ原の戦いで東軍についた富田信高は西軍に包囲され開城するも戦後再び城主に。後に藤堂高虎が城主となり大改修を行う。

多気《たげ》北畠氏城館【続日本100名城】　三重県津市
南北朝時代の南朝方の重臣・北畠親房の三男・顕能《あきよし》を祖とする多気北畠氏の居城。8代・北畠具教《とものり》まで230年余にわたる多気北畠氏の本拠となった。

田丸城【続日本100名城】　三重県玉城町
北畠親房が築いた南朝方の拠点。15世紀後半に愛洲《あいす》氏が城主となり、後に田丸氏を名乗る。織田信長の二男・信雄《のぶかつ》や紀伊徳川家付家老の久野《くの》氏が城主になる。

●尾張国

犬山城【日本100名城】　愛知県犬山市
天文6年（1537）、織田信長の叔父・信康が築いた。本丸の背後には木曽川が流れ、後堅固《うしろけんご》の構えとなっていた。現存天守は国宝。

名古屋城【日本100名城】　愛知県名古屋市
徳川家康が慶長15年（1610）、今川氏の支城のあった場所に天下普請を命じて築城。大坂城の豊臣秀頼を牽制する意図があったという。

小牧山城【続日本100名城】　愛知県小牧市
織田信長が美濃侵攻の拠点として築城。羽柴秀吉と織田信勝・徳川家康が対決した小牧・長久手の戦いでは家康が陣を敷いて改修を行った。

●三河国

岡崎城【日本100名城】　愛知県岡崎市
康正《こうしょう》元年（1455）頃、土豪・西郷頼嗣《よりつぐ》が築き、徳川家康の祖父・松平清康が改築を行う。松平竹千代（徳川家康）が誕生した城。

長篠城【日本100名城】　愛知県新城市
永正5年（1508）、土豪・菅沼元成《もとなり》が築城。後に武田氏から城を奪った徳川家康が改修。武田氏が織田・徳川氏に敗れた長篠の戦いの舞台。

古宮《ふるみや》城【続日本100名城】　愛知県新城市
武田信玄が家臣の馬場信春に命じて築城させた徳川領侵攻の拠点。長篠・設楽原《したらがはら》の戦いの敗戦で武田氏の勢力が衰えたため、廃城になったと推定される。

吉田城【続日本100名城】　愛知県豊橋市
今川氏親《うじちか》が牧野古白《こはく》に命じて築いた今橋城がルーツとされ、氏親の子・義元の代には吉田城と呼ばれた。徳川家康が今川氏から奪取。

●遠江国

掛川城【日本100名城】　静岡県掛川市
戦国時代、駿河守護・今川氏親が朝比奈泰煕《あさひなやすひろ》に命じて築城させた古城が前身。天正18年（1590）に山内一豊が近世城郭へ改修。

諏訪原《すわはら》城【続日本100名城】　静岡県島田市
武田勝頼が築いた遠江侵攻の拠点。諏訪神社を城内に勧請したことが城名の由来。徳川家康が攻略した後は武田軍に対抗するための拠点に。武田氏滅亡後に廃城。

高天神城《たかてんじんじょう》【続日本100名城】　静岡県掛川市
今川家臣・福島氏が没落後、徳川氏に臣従した小笠原氏が城主に。武田勝頼が攻め落とすも徳川氏が5年をかけて攻略。武田氏、徳川氏が奪い合った要衝の城。

浜松城【続日本100名城】　静岡県浜松市
今川貞相《さだすけ》が築城した曳馬城《ひくま》を徳川家康が調略し、岡崎城から本拠地を移した。歴代城主は老中などの幕府の要職に就く者が多く、出世城の異名をもつ。

●駿河国

駿府城《すんぷ》【日本100名城】　静岡県静岡市
天正13年（1585）、今川氏の居館跡に築城したとされる。隠居をした徳川家康が、慶長12年（1607）に西国の大名に負担をさせて改修。

興国寺城《こうこくじ》【続日本100名城】　静岡県沼津市
伊豆の堀越御所を攻略するための拠点で伊勢盛時(北条早雲)の最初の本拠地。徳川家康の家臣・天野康景が興国寺藩を立藩するも改易により廃城。

●伊豆国

山中城【日本100名城】　静岡県三島市
戦国末期の築城、後北条氏の小田原防衛の要塞。4000の守備軍に対し豊臣秀吉が7万の大軍で陥落させた。敵の侵入を防ぐ障子堀《しょうじぼり》が特徴の城。

●甲斐国

武田氏館《たけだしやかた》（武田神社）【日本100名城】　山梨県甲府市
永正16年（1519）、甲斐源氏の流れをくむ武田信虎が石和《いさわ》にあった館を移す。信玄、勝頼と3代にわたり約62年続いた居館跡。

甲府城【日本100名城】　山梨県甲府市
武田氏滅亡後に豊臣家重臣・浅野長政により、武田氏館の代わりの城として築城。徳川綱吉の側用人・柳沢吉保《よしやす》が改修を行った。

新府城【続日本100名城】　山梨県韮崎市
北条氏政、徳川家康、織田信長の脅威から領地防衛の新拠点として武田勝頼が築いた最後の城。

織田軍の侵攻により在城68日目に落城。

要害山城《ようがいさん》【続日本100名城】　山梨県甲府市
躑躅《つつじ》ヶ崎《がさき》館の詰城として、武田信虎が築いた山城。信玄誕生地の石碑が立つ。武田家滅亡後、甲府城が築城されると廃城になった。

●相模国

小田原城【日本100名城】　神奈川県小田原市
武田信玄や上杉謙信をも退けた難攻不落の小田原北条氏（後北条氏）の居城。豊臣秀吉の侵攻により開城。徳川の譜代大名・大久保氏、稲葉氏が近世城郭に改修。

石垣山城《いしがきやま》【続日本100名城】　神奈川県小田原市
豊臣秀吉が小田原征伐時に築いた、通称〝一夜城〟。本陣として約82日間で造設された陣城は長期戦を想定し、主要部分を高石垣で備える東国最初の近世城郭。

●武蔵国

鉢形《はちがた》城【日本１００名城】　埼玉県寄居町
文明８年（１４７６）、山内上杉氏の家臣・長尾景春の築城とされ、北条氏邦が改修を行った。豊臣秀吉の小田原攻めで開城した。

川越城【日本１００名城】　埼玉県川越市
長禄元年（１４５７）に太田道真《どうしん》、道灌《どうかん》父子が築城。江戸時代には譜代大名が代々の城主になる。江戸の搦手《からめて》ともいわれるほどの重要な城。本丸御殿が現存。

忍《おし》城【続日本１００名城】　埼玉県行田市
15世紀に成田氏が築城・改修したとされる。難攻不落の城で知られ、上杉氏、後北条氏の侵攻を幾度も退けた。石田三成の水攻めにも耐えたことから浮き城と呼ばれる。

杉山城【続日本１００名城】　埼玉県嵐山町
山内上杉氏が扇谷上杉氏に対抗して築いたとされる中世の山城。丘陵地の特性を活かした技巧的な縄張は土造りの城の頂点といわれる。

菅谷館《すがややかた》【続日本100名城】　埼玉県嵐山町
鎌倉幕府初期の御家人・畠山重忠の館といわれる。その館跡を山内上杉氏が整備、16世紀前半まで拠点とした。その後、後北条氏の拠点となったという説も。

江戸城【日本100名城】　東京都千代田区
長禄元年（1457）に扇谷《おうぎがやつ》上杉氏の家臣・太田道灌が築城。国内最大の城郭は徳川家の居城で江戸幕府の政庁。現在の皇居。

八王子城【日本100名城】　東京都八王子市
北条氏康の次男氏照が築く。後北条氏の支城の中では最大規模の山城。豊臣秀吉の小田原攻めにより、1日で落城した激戦の地。

滝山城【続日本100名城】　東京都八王子市
武蔵守護の大石氏が築城。後北条氏が引き継ぎ、改修を施した平山城。2万の武田信玄軍を2000の兵力で持ちこたえたという。

品川台場【続日本100名城】　東京都港区
幕末、ペリー来航を受け、徳川将軍の命により伊豆韮山代官の江川英龍《ひでたつ》が造営した砲台。江戸湾海防計画の拠点。

小机城《こづくえじょう》【続日本100名城】　神奈川県横浜市
長尾景春の乱で、景春に味方した矢野兵庫助《ひょうごすけ》が立て籠り、太田道灌の攻撃を受けた城として知られる。後に武蔵国に進出した後北条氏が整備、徳川家康の時代に廃城。

●上総国

大多喜城【続日本100名城】　千葉県大多喜町
小田喜城《おたきじょう》をもとに、徳川四天王の一人、本多忠勝が近世城郭に改修したとされる。きらびやかな城の様子が日本見聞録に記されている。

●下総国

佐倉城【日本100名城】　千葉県佐倉市
地元の豪族・千葉氏が築いたとされる。慶長15年（1610）、土井利勝が改修を行った。江戸の背後を守護する要地として代々譜代大名が治めた。

本佐倉城【続日本100名城】　千葉県酒々井《しすい》町
鎌倉時代より下総守護を世襲してきた千葉氏の居城。文明年間（1469～87）に千葉輔胤《すけたね》が築城。下総の政治・経済・文化の中心として発展した。

●常陸国

水戸城（弘道館）【日本100名城】　茨城県水戸市
鎌倉時代に常陸大掾《ひたちだいじょう》・馬場資幹《すけもと》が前身となる館を構築。佐竹義宣が近世城郭に改修。その後、徳川家康の十一男、頼房が入城。徳川御三家、水戸徳川家の居城。

笠間《かさま》城【続日本100名城】　茨城県笠間市
鎌倉時代に笠間氏が築城。約370年にわたり居城とした天険の山城。笠間氏滅亡後、土造りの城を蒲生氏が天守櫓と石垣を備えた近世城郭に改修。

土浦城【続日本100名城】　茨城県土浦市
室町時代中期、小田氏家臣の菅谷《すげのや》氏が築いたとされる支城。江戸時代中期に甲州流軍学による築城方法で大改修。太鼓門が現存。

東山道

●近江国

小谷城《おだに》【日本100名城】滋賀県長浜市

大永年間（1521～28）に浅井亮政《すけまさ》が築城。久政、長政の浅井氏3代の居城。天正元年（1573）に織田信長により落城。

彦根城【日本100名城】滋賀県県彦根市

徳川四天王の一人、井伊直政が琵琶湖畔の磯山の地に計画、子の直継《なおつぐ》が彦根山に主要部を完成させた。井伊氏の居城。現存天守は国宝。

安土城《あづち》【日本100名城】　滋賀県近江八幡市
織田信長の天下統一への象徴。天正4年（1576）に築城、約3年後に天主が完成。五重七階の荘厳な天主や城下町のつくり方など以後の築城方法に影響を与えた。

観音寺城【日本100名城】　滋賀県近江八幡市
太平記に記述が残る近江国守護・佐々木六角氏の山城。織田信長に恐れをなした六角義賢《よしかた》、義治《よしはる》父子が城から逃亡し廃城になったとされる。

玄蕃尾城【続日本100名城】　滋賀県長浜市、福井県敦賀市➡272ページ

鎌刃城《かまは》【続日本100名城】　滋賀県米原市
弘安7年（1284）に城主・土肥元頼《どひもとより》についての記述が残る。応仁・文明の乱（1467～77）の頃は坂田郡の国人・堀氏の本拠地。堀氏追放後は織田氏の直轄地。

八幡山城【続日本100名城】　滋賀県近江八幡市
天正13年（1585）に築城された、羽柴秀吉の甥・秀次の居城。秀次の尾張・清洲城への移

封後に京極高次《きょうごくたかつぐ》が入城したが、文禄4年（1595）廃城。

●美濃国

岩村城【日本100名城】　岐阜県恵那市
中世に築かれた山城で、日本三大山城の一つに数えられる。標高717メートルの山間に建てられ、霧ヶ城とも呼ばれる。

岐阜城【日本100名城】　岐阜県岐阜市
鎌倉時代に二階堂行政《ゆきまさ》が築いたとされる。斎藤道三、織田信長が整備。関ヶ原の戦いで池田輝政に攻められて開城し、廃城。

郡上八幡城《ぐじょうはちまん》【続日本100名城】　岐阜県郡上市
赤谷山城攻略時に遠藤盛数《もりかず》の陣が置かれた場所に、郡上を統一した盛数の子・慶隆《よしたか》が築城。後に稲葉氏が近世城郭として改修を行う。

唐沢山城【続日本100名城】　栃木県佐野市
平安時代に藤原秀郷が築城したという伝説も残る佐野氏の居城。上杉謙信とも攻防を繰り返した関東七名城の一つ。関ヶ原の戦い後、佐野城に移り廃城。

●出羽国

久保田城【日本100名城】　秋田県秋田市
常陸国から転封された佐竹義宣《よしのぶ》が慶長9年（1604）に構築。石垣普請より土塁普請を得意としていたため石垣がほとんど使用されていない土造りの城。

脇本城【続日本100名城】　秋田県男鹿市
15世紀頃には機能していたと思われる男鹿半島の山城。戦国大名として勢力を拡大していた安東氏の居城。

秋田城【続日本100名城】　秋田県秋田市
出羽北部の軍事・行政の中心となった城柵。文献上の初出は続日本紀の記述にさかのぼる。阿《あ》支太《きた》城と記されていた最北の城柵。

山形城【日本100名城】　山形県山形市
最上氏の祖、斯波兼頼が延文2年（1357）に築城。戦国時代末期に最上義光が大規模な平城に改修。本丸一文字門などの復元が進む輪郭式の城。

鶴ヶ岡城【続日本100名城】　山形県鶴岡市
武藤長盛が築き、庄内地方の拠点となった大宝寺城。その後、最上義光の所領になり、改称。江戸時代以降は酒井氏の居城。藩校などが残る。

米沢城【続日本100名城】　山形県米沢市
伊達政宗が誕生した城。豊臣秀吉の命により、政宗が岩出山《いわでやま》城に移ってからは蒲生氏の改修を経て、上杉氏の重臣・直江兼続の居城になった。

●陸奥国

弘前《ひろさき》城【日本100名城】　青森県弘前市
津軽氏の居城。津軽地方を平定した津軽為信《ためのぶ》の子・信枚《のぶひら》が築城し、慶長16年（1611）に完成。3基の三重櫓、5棟の櫓門と東北で唯一の天守が現存する。国の重文。

根城《ねじょう》【日本100名城】　青森県八戸市
前身は鎌倉時代に築かれ、南北朝時代に国司代・南部師行《なんぶもろゆき》が城として改修した。陸奥南朝方の一大拠点。主殿や馬屋が復元される。

浪岡城《なみおか》【続日本100名城】　青森県青森市
15世紀半ば築城、北畠親房の後裔と伝わる浪岡氏の中世城館。浪岡御所とも称された。8つの曲輪《くるわ》で構成され、加茂神社、浪岡八幡宮が結界として配された。

盛岡城【日本100名城】　岩手県盛岡市
北上川、中津川の合流点に南部信直、利直が40年かけて築いた。盛岡産の花崗岩の石垣が見事。明治維新まで南部氏代々の居城。

九戸城《くのへ》【続日本100名城】　岩手県二戸市
南部氏の一族・九戸氏の居城。豊臣秀次が攻略。明応年間（1492～1501）の築城と推定され、東北最古とされる石垣が今も残る。

多賀城【日本100名城】　宮城県多賀城市
奈良時代に建てられた陸奥国府の城柵。多賀城碑には、神亀《じんき》元年（724）創建、天平宝字6年（762）に修造されたと刻まれている。

仙台城【日本100名城】　宮城県仙台市
慶長5年（1600）から2年かけて伊達政宗が築城。別名青葉城。広瀬川の渓谷、断崖に四方を守られた天然の要害。

白石《しろいし》城【続日本100名城】　宮城県白石市
伊達氏の重臣・片倉景綱らが城主。仙台城の支城でありながら、一国一城令以降も存続を許された。幕末には奥羽越列藩会議が行われた。

二本松城【日本100名城】　福島県二本松市
畠山満泰が応永21年（1414）に築いた山城。蒲生氏が石垣を用いて改修、加藤氏により現在の近世城郭に大改修が行われた。

会津若松城【日本100名城】　福島県会津若松市
室町時代からある蘆名《あしな》氏の黒川城がルーツ。蒲生氏郷が文禄元年（1592）に改修を始め、黒川から若松に名称を変更した。別名鶴ヶ城。

白河小峰城【日本100名城】　福島県白河市
江戸幕府の命により、陸奥への関門として重要地点にあった館を丹羽長重《にわながしげ》が改修。盛岡城、会津若松城とともに東北の石垣造の三大名城と称される。

三春城【続日本100名城】　福島県三春町
田村義顕《よしあき》が築城。その後、蒲生、加藤、松下、秋田氏と城主が代わる中で中世山城から近世城郭へと改修されていった。

向羽黒山城《むかいはぐろやま》【続日本100名城】　福島県会津美里町
会津の大名・蘆名盛氏が隠居城として築き始めた山城で、ほどなく廃城に。その後、上杉景勝が戦略上の拠点として大改修を行うものの、関ヶ原の戦い後に再び廃城。

特別編

●蝦夷国

根室半島チャシ跡群【日本100名城】 北海道根室市

16～18世紀に築城、海岸台地の上に壕を巡らせたアイヌの城。チャシとは砦や柵など、囲いを意味するアイヌ語。根室市内には32か所のチャシ跡が確認されており、24か所が国指定史跡。

五稜郭《ごりょうかく》【日本100名城】 北海道函館市

幕末に箱館奉行所の防衛強化のため江戸幕府が築造した星形の西洋式土塁。旧幕府脱走軍と新政府軍との間で行われた箱館戦争の舞台になった。

松前城《まつまえ》【日本１００名城】　北海道松前町
外国船対策のため、陣屋福山館《ふくやまだて》を基に築城された最後の日本式城郭。戊辰戦争で旧幕府軍に攻められて落城。築城当時の遺構、本丸御門は国の重文。

志苔館《しのりだて》【続日本１００名城】　北海道函館市
15〜16世紀、アイヌと戦った拠点、道南十二館《どうなんじゅうにだて》の一つで、年代が推定されている中では最古の館。安東氏家臣・小林氏が築城。

上《かみ》ノ国勝山館《くにかつやまだて》【続日本１００名城】　北海道上ノ国町
松前に移る前の武田・蠣崎《かきざき》氏の軍事・交易拠点。本拠を移してからは、副城を意味する脇館から和喜館《わきだて》とも呼ばれた。

●琉球王国

今帰仁城《なきじん》【日本１００名城】　沖縄県今帰仁村
13世紀末から14世紀初めに構築、15世紀前半に改修が行われたと考えられる北山王《ほくざん》の居城。中山王尚氏《ちゅうざんおうしょう》が攻略するも薩摩軍の侵攻により廃城。世界遺産。

中城城《なかぐすく》【日本100名城】　沖縄県中城村
14世紀後半、先中城按司《さきなかぐすくあじ》が築城、15世紀前半に護佐丸《ごさまる》が改修。勝連《かつれん》城主・阿麻和利《あまわり》により滅ぼされた後は尚氏が治めていたと考えられる。世界遺産。

首里城《しゅり》【日本100名城】　沖縄県那覇市
改修の記録から、15世紀前期に構築されたと推察される琉球王国の王、尚《しょう》氏の居城。王位争いや戦争、失火などで焼失するも再建されてきた。世界遺産。

座喜味城《ざきみ》【続日本100名城】　沖縄県読谷《よみたん》村
15世紀初期に護佐丸が海外貿易や統治拠点のため築城するが、護佐丸の中城城移転により頓挫。曲線的な城壁が残る。世界遺産。

勝連城【続日本100名城】　沖縄県うるま市
13世紀末から14世紀初頭の築城。海外貿易により栄えた勝連按司達の統治権は中山王尚氏に認められていた。15世紀、阿麻和利が城主に。世界遺産。

協力：公益財団法人日本城郭協会
参照：「日本100名城　公式ガイドブック」
「続日本100名城　公式ガイドブック」
（ワン・パブリッシング刊）

本書は『月刊旅行読売』2003年6月号から2009年6月号まで連載された「新ニッポン風土記」を再編集し、まとめたものです。

【著者紹介】
井沢　元彦（いざわ　もとひこ）
昭和29年（1954）、愛知県名古屋市生まれ。早稲田大学法学部卒業後、東京放送（TBS）報道局に入社。在職中の昭和55年に『猿丸幻視行』で、第26回江戸川乱歩賞を受賞する。以後、作家活動に専念し、歴史をテーマにフィクション・ノンフィクション問わず幅広く活動し、『日本人の心をとらえる　3の霊力に迫る』（旅行読売出版社刊）のほか、『逆説の日本史』『コミック逆説の日本史』『言霊』など著書多数。大正大学表現学部客員教授。
ホームページアドレスは
https://www.gyakusetsu-j.com/

井沢式
新ニッポン風土記　東日本編

2021年5月19日　第1刷発行

著　者　井沢元彦
発行者　坂元　隆
発行所　旅行読売出版社
〒101-8413
東京都千代田区岩本町1-10-5
電話（03）6858・4300
https://www.ryokoyomiuri.co.jp/
印刷所
製本所　共同印刷株式会社